我看着才一丁点儿大的小蔡杰，幻想着他长大的模样会跟他的名字一样，杰出、优异、出类拔萃。（详见内文第 4 页）

每天我在泡茶时，每一次茶壶装满水后，盖子一定要让他盖，若阻止他，他就会气得失控，开始乱丢我的茶壶、茶杯。(详见内文第 8 页)

在蔡杰三岁半那年，我选择了全职爸爸这条路，下定决心，要用不留退路的爱，帮助我的爱子穿越障碍。（详见内文第 13 页）

那天下午，我们父子欢欢喜喜地到长庚医院旁边的公园玩。那个下午，对我们父子来说都弥足珍贵，灵犀相通的感觉真好！（详见内文第 24 页）

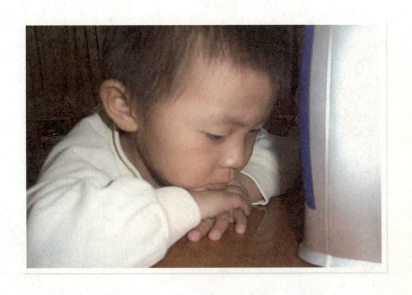

我能做的，就是耐心听他说话——我要让他知道：你的委屈，爸爸懂。（详见内文第 33 页）

这孩子能够如此单纯地把快乐的事情放在心里咀嚼这么久，也未尝不是一件好事。（详见内文第 40 页）

当他吃饭又掉饭粒时，他不再像以前那样勃然大怒，而是会自己说："旧的不要管了，吃新的就好了。"（详见内文第 57 页）

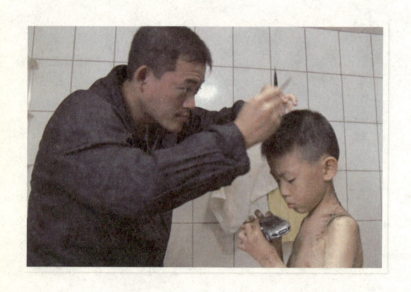

人生也是一样，我们只要看前面就好了，不是吗？（详见内文
第 64 页）

你骑太快也好，我骑太慢也罢，没关系，只要调整一下，我们就能肩并肩，心连心。（详见内文第 66 页）

当我们父子对话谈心时，他眼里总算有了我这个老爸，这真是太美好的一件事了！（详见内文第 86 页）

因为身高不够，踩不到池底，所以他都跟无尾熊一样，紧紧黏在我的身上。（详见内文第 92 页）

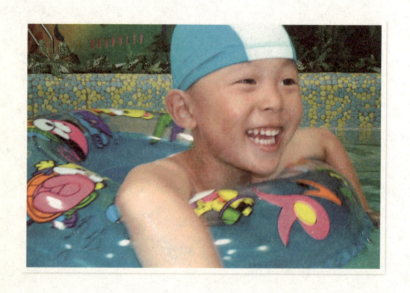

随着练习次数的增多，他开始体会到游泳的乐趣。他高兴的时候，会兴奋地乱喊……（详见内文第 97 页）

我们父子常分别骑着一大一小的独轮车去运动，那种亲子交流的感觉真是美好！（详见内文第 122 页）

每次看他骑独轮车时脸上自信爽朗的笑容,我心里也有种安慰、骄傲的感觉。(详见内文第 128 页)

感谢孩子教会我这件事，爱的奖励，是可以超越罪与罚的。（详见内文第 148 页）

对蔡杰的爱，彻底改造了原本自尊强、怕丢脸的我。(详见内文第 156 页)

爸爸的爱

一路上，有我陪你

蔡昭伟（蔡杰爸）/ 著

当代世界出版社

图书在版编目（CIP）数据

爸爸的爱：一路上，有我陪你 / 蔡昭伟著 . -- 北京：当代世界出版社，2014.7

ISBN 978-7-5090-0972-7

Ⅰ . ①爸… Ⅱ . ①蔡… Ⅲ . ①亲子关系－家庭教育－通俗读物 Ⅳ . ① G78-49

中国版本图书馆 CIP 数据核字 (2014) 第 083254 号

著作权登记号　图字：01-2014-2958

原著作名：《一路上，有我陪你》
原 作 者 ：蔡昭伟
本书中文简体版经由厦门凌零图书策划有限公司代理，时报文化出版企业股份有限公司独家授权，限在大陆地区发行。非经书面同意，不得以任何形式任意复制、转载。

书　　名	爸爸的爱：一路上，有我陪你	
出版发行	当代世界出版社	
地　　址	北京市复兴路 4 号（100860）	
网　　址	http://www.worldpress.com.cn	
编务电话	(010) 83908456	
发行电话	(010) 83908409	
	(010) 83908377	
	(010) 83908455	
	(010) 83908423（邮购）	
	(010) 83908410（传真）	
经　　销	全国新华书店	
印　　刷	北京天正元印务有限公司	
开　　本	880mm×1230mm　1/32	
印　　张	6.75	
字　　数	130 千字	
版　　次	2014 年 7 月第 1 版	
印　　次	2014 年 7 月第 1 次	
书　　号	978-7-5090-0972-7	
定　　价	29.80 元	

推荐序

无私无我的奉献

《遥远星球的孩子》导演　卢元奇

蔡杰爸，拍摄《遥远星球的孩子》时认识的，我们的主角之一。

肯纳症[①]孩子的家长，大多没有自己的名字——因为这些家长把自己的生活都贡献给了孩子。蔡杰爸也是如此。

因为蔡杰，他选择了与多数家长不同的方式来陪伴小孩成长。他放下工作，投入所有的时间参与蔡杰认识这个世界的过程，凡事亲力亲为，以实际行动来教导蔡杰，不管是如何扣扣子、如何说"不要"、如何读拼音，每一个我们视为理所当然的行为，在他们父子之间都是全新的挑战。

对于这些挑战，蔡杰爸用文字一字一句地记录下来了。从

---

① "肯纳症"（Kanner's Syndrome）即一般俗称的自闭症。1943年，美国医师肯纳（Leo Kanner）发现自闭症（Autism），故名之。

《爸爸的爱：一路上，有我陪你》这本书里不只能看到他们的心情、辛苦，最重要的是，我们看到了一个父亲对于爱的实际体现是如此无私奉献。

铁汉柔情，令人动容

《遥远星球的孩子》制片人　洪廷仪

在这本书中，首先看见的是我从来不曾想象过的状况：绑鞋带学了两年、游泳学了三年、脚踏车学了六年……凡此种种学习历程，在常人看来均是非常不可思议的事，然而他们却办到了。但这却不是让我们去拍摄这位父亲的主要动机。

让我们拍摄团队真正感动的是，这位外表粗犷的典型男子汉爸爸，为了孩子，情愿卸下刚强的面具，放弃身为男子汉该有的一切，只求孩子茁壮成长，不计任何代价。这些付出，我无法想象是经过多少的挣扎、矛盾与异样眼光所换来的，而他只能承受——前提是，这一切，都不一定会有收获，这才是我们在这些日复一日的日记中，找寻到值得我们记录的蔡杰爸。

你选择了光，就行在光中

台湾著名主持人　廖伟凡

在上帝的眼中，每一个生命都是一个特殊的个体，当我们阅读此书时，抽离这世界所贴的标签：自闭儿、语障、听障、身障……你会发现，这是一本非常精彩的亲子教育书。

行色匆匆的社会，不论做什么事情总希望能立竿见影，但是孩子的教育是要"慢慢来"，一点儿也急不得。书中，蔡爸爸陪孩子读一本童书需要用尽各种方法，甚至花上 10 个小时才能达到目的，其实，每一个父母都该像蔡爸爸一样，一本童书应该找出 10 个有趣的点，一次又一次地陪孩子享受读书的乐趣。可是急忙的社会面对这些课外书总是漠视，有些父母甚至会说："干嘛要花那么多的时间？考试又不会考！"

繁忙的父母，您看到自己孩子的独特之处了吗？就像蔡杰学习游泳，当其他人都在用单一标准来否定蔡杰时，蔡爸爸反而发现了他的绘画天分。只有花时间陪伴孩子，您才有机会发现孩子真正的潜能和天分。但这似乎也是现代父母最欠缺的地方，于是您想给的往往不是孩子想要的，想想，这是何等遗憾。

一个先天有些许言语障碍的父亲，一个出生时就十分特别的孩子，他们之间用爱来填补了一切。读《爸爸的爱：一路上，有我陪你》，我深深感觉到，孩子真是上帝恩赐最美的礼物，我们该称他们为天使。这些年，我一直在不同地方推广亲子教育，在这个过程中，看到了许多天使被爸妈教育成了"怪兽"。但对蔡爸爸而言，上帝给了他一个看似怪兽的孩子，但事实上，他却是一个不折不扣的可爱天使。

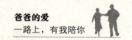
慢飞小天使，成功飞越障碍

台湾嘉义县朴子国小校长　周炳志

在提笔写序的当下，我在想，我该赞赏蔡杰的勇敢及特殊专长，还是要佩服蔡杰爸爸的爱心、耐心及坚忍的毅力？看看他们父子亲昵的互动，听听他们父子之间不用言语的心声，想想他们父子之间绝佳的默契与信任，然后你看到现在的蔡杰，飞越了障碍，不仅会游泳，还可以在大庭广众下骑着单轮车表演花式的直排轮滑。我想说的是，蔡杰爸因蔡杰而伟大，蔡杰因爸爸而破茧成蝶了！上帝关了一扇窗，却也为这对父子开启了更宽广的天空。"人定胜天"，在他们父子身上，我们看到活生生的榜样！

蔡杰是在三岁多就读本校，他可爱的模样很难教人不喜欢他。班里的同学喜欢他，抢着当他的小帮手；老师疼爱他，循循善诱，引导他走入语言的世界；爸爸也总在课后认真地与老师讨论，以帮助蔡杰学习得更有效率。那时候，我深知老师总是使出浑身解数，爸爸也曾一度踌躇彷徨，无所适从。在一段时间的摸索之后，蔡爸爸知道了，对于蔡杰的学习，不能急，要多些**等候**；不要放弃，要给孩子多一些空间，而且**挫折也是一种资产**，有挫折才会有进步。于是在没有希望中，蔡爸爸为蔡杰找到了希望，也找到了孩子另一个生命的出口！

我常称呼蔡杰为"小天使"，虽然有些折翼，飞得慢一些，但因着爸爸对孩子的了解、体认，还有一股强劲的坚持与执着，蔡爸爸看到蔡杰在运动神经上比一般人更为敏锐的优势，于是历经八年的苦练，终于发掘了蔡杰的潜能，也成就了蔡杰人生中的最大亮点！蔡爸爸不愧是比教育家更像教育家的爸爸，蔡杰也真的是**杰出**、勇敢的孩子啊！我有预感，或许在未来会出现一个自闭症儿的教授——蔡杰，以他亲身的成长经验，去启发与他一样的小孩！

想着他们父子一路走来的艰辛历程，心里充满了无限的不舍与感动，蔡爸爸点燃了父与子之间生命的火花，也照亮了更多人心中的亮光！再看到蔡爸爸亲自撰写的这本书，我的感受宛如与他们一起经历种种的挑战与辛苦，一起分享他们成功的喜悦。这样的感觉也只有"感动"与"佩服"可以形容。借着他的故事，我也鼓励家有自闭症孩子的父母，不要怕！因为蔡杰与爸爸已为大家走过最黑暗、最艰辛的路程。蔡杰能，那么你也能！因此，我相信，蔡杰绝对是带着上帝的使命而来的，他的经历已成为大家对生命的一种激励。我想这就是蔡爸爸要出版这本书的最大用意吧！并且也在此鼓励健全的人，更要好好珍惜所拥有的一切，创造自己璀璨的人生，活出人的价值与意义。

感谢蔡爸爸将蔡杰真实的奋斗故事呈现给我们，让我们知道，爱胜于一切，也发现人类潜能无限。蔡杰，你是个幸福的孩子，因你拥有了世界上最大的父爱；蔡爸爸，你是伟大的，因你改变了蔡杰，缔造了奇迹，谱出一篇动人的生命乐章！在此，我个人要表达我内心最崇高的敬意。您父子俩是值得掌声的！也相信在未来，蔡杰仍旧是爸爸最甜蜜的负荷，蔡爸爸也将一路陪伴蔡杰到永久。

最后，诚挚地推荐这本好书《爸爸的爱：一路上，有我陪你》，希望大家下次看到蔡杰杰出、精湛的表演时，不要忘了给他更多的掌声与喝彩！

自序

当亚斯伯格特质父亲遇上星星儿

说起来，我是一个非常执拗的人，只要我想做的事，就会不计代价去完成。

念高中时，曾经有一个暑假，我整整两个月完全没出门，只为了练吉他。一般人练吉他，练得再勤，最多也是练到破皮、长茧而已，但我是练到流血了还不停歇。为了避免十指斑斑的血迹沾染到吉他弦，我就用胶带把手指包起来，继续练。

难道不会痛吗？

当然会！痛得像刀子在割，但是，我还是坚持要继续练。

有人逼我这样做吗？

没有，完全是我自己要练的。

因为整个暑假完全没有踏出家门一步，原本被太阳晒得黝黑的肌肤褪回白皙的本色，开学后，班上同学都吓了一跳，差点儿认不得我了。对于十几岁的青少年来说，两个月不出门、不说话，简直是匪夷所思，形同关自己禁闭。

国中、高中有许多同学，都不约而同地在我的毕业纪念册写下类似的评价：做任何事都很认真，有冲劲，不认输，极端……

在同学眼中，我就是一个这样**龟毛**（较真）到极点的怪咖。

我想，我是个拥有某些亚斯伯格症^①特质的人吧？

只要是想做的事，就有异于常人的强烈执着。

像我这样一个有亚斯伯格症倾向的父亲，遇上了一个自闭症的星星儿，会擦出什么样的火花呢？

蔡杰，我的独生爱子，是我这一生最深刻的牵挂。

这孩子一出生，我就对他寄予厚望，满心盼望把这孩子调教成优秀生，就算不是优秀生，至少也可以比其他孩子更出色一些。

可万万没想到，我的蔡杰，竟是一个患有重度学习障碍的自闭症小孩！

我认输了吗？当然没有，我是一个好强的人，绝对不会这样坐以待毙。于是我辞去工作，回到家当起了全职爸爸。

完全没有任何医学背景的我，自行搜集了无数与自闭症有关的专业资料——细读，这些资料、报告堆积起来比蔡杰八岁

---

① 亚斯伯格症（Asperger Syndrone），由奥地利医师汉斯·亚斯伯格首次提出，与自闭症雷同，不同的是此病症没有明显语言发展迟缓的现象。

时的身高还要高。我不只是阅读理论，更充满**雄心壮志**地将这些知识用在实际的教育上，意图要扭转劣势。

原以为很难有人比我更**偏执**了，可在与蔡杰**交手**后，我才知道什么叫作"棋逢对手"。

我绝不轻言妥协，而孩子则绝不轻易就范。父与子，仿佛在比谁更执拗。

这个过程，当然不可能平平顺顺，压力、挫折仿佛永无止境，不要说是"一分耕耘，一分收获"，就算投入"万"分耕耘都不见得能换到一分收获。

在最茫然无力的时候，我也曾自我怀疑：这样做，到底值不值得？

但我没有退路，我们父子就像浮沉在汪洋之上，哪怕只是一片羽毛，也会紧紧抓住它。

即使希望只有万分之一，我也不会放弃。

有些人会这样**安慰**身心障碍孩子的家长：这是上辈子欠下的债，这辈子来赎罪。这种**安慰**，对家长来说，只是二次伤害，我们教育孩子，绝对不是出自**赎罪**的心态，而是因为爱。

担任全职爸爸这些年，其实不只是我在教育蔡杰，蔡杰也在教育我。

他教会我用另一种角度来看待生命——慢一点，也可以很美好。

说话、游泳、直排轮、独轮车……不管学什么，都是以年为时间单位，学习步伐就像蜗牛一样缓慢。但蜗牛虽慢，只要有心，总有一天会抵达终点。

换个角度想，如果不是因为他如此缓慢，我们父子俩或许就不会这样细细品味人生中的每一天。

有这样的孩子，其实是一个祝福，是让生命丰富的开始。因为蔡杰，我感受到了全然不同的生命内涵，我的能力因他而被激发，人生也因他而更丰富、更有意义。

我不只是蔡杰的父亲，也是他的语言治疗师、职能治疗师、特教老师、音乐老师、游泳教练、直排轮教练、体操教练……

跟他在一起的每一天我都很充实，虽然常有挫折，但也常有感动。

这些年，我不间断地写博客，帮孩子做学习成长纪录。一方面，固然是想要留下回忆，并作为之后教学或训练的参考资料；另一方面，也是希望借由这些纪录，让更多人认识自闭症。

很多的**障碍**，其实都源自不**了解**，我只希望自己能尽一点绵薄之力，让大众能更认识身心障碍儿，但愿能扭转社会大众对迟缓儿童家庭同情、悲悯的看法，我们需要的并不是同情，而是接纳与理解。

诚恳将这本《爸爸的爱：一路上，有我陪你》献给全天下的父母亲，我深深相信，只要父母有满满的爱与百分百的耐心，任何困难都能一一克服。

爸爸，为什么?

"爸爸，地球上有成千上万的生物，为什么偏偏只有人类需要钱才能活下去?"

"为什么人类一直在追求奢华、繁荣的同时，还要一直破坏大自然的生态，却毫无自觉?"

嗯，我要想一想……

"爸爸，为什么我有人类的外表，可是却和人类的行为不太一样?"

"为什么我没办法跟一般人一起玩?"

"爸爸，我也很想像正常人一样说话，可是，我真的做不到!就算我努力说出来，也没有人听得懂!"

"爸爸，为什么大家要用不一样的眼光看我? 我是稀有动物吗?"

孩子，我们没有办法去管别人怎么看我们，我们只要认真

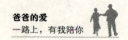
过每一天，享受生命赋予我们的每一天，就算全世界的人都不愿了解你，至少，我还在……

爸爸再怎么努力，也改变不了世人对于自闭症的标签，但是，爸爸从你身上，已经得到够多了。

孩子，是你让我懂得认真去体会这些人生道理，你的存在，就是要让身旁的人懂得珍惜与单纯的快乐。而且，每一天都在实践!

目 录

第一章：孩子，我该如何面对你

1. 从天才到自闭儿 ‖ 004

2. 天使脸庞，魔鬼情绪 ‖ 008

3. 这世上，还有什么比你更重要？‖ 013

蔡杰爸的一封信（1）‖ 018

第二章：孩子，让我读懂你的心

1. 让我与你灵犀相通 ‖ 024

2. 你的委屈，爸爸懂 ‖ 033

3. 他没有中邪，他只是超级单纯 ‖ 040

4. 我们的"一千零一夜" ‖ 045

5. 饶了孩子，也饶了自己 ‖ 052

6. 生命不是非黑即白的是非题 ‖ 057

7. 不再轻易离开你 ‖ 066

8. 数出孩子的成功经历 ‖ 074

蔡杰爸的一封信（2）‖ 080

第三章：孩子，我们一起向前行

1. 你眼中有我 ‖086

2. 遇水则哭的男孩 ‖092

3. 学着放手 ‖097

4. 彩绘幸福 ‖104

5. "驯兽师"老爸与爱子的秘密基地 ‖109

6. 一千个小时的耐心 ‖115

7. 不可能的任务，我们做到了 ‖122

8. 掌声响起来 ‖128

蔡杰爸的一封信（3）‖134

第四章：孩子，谢谢你

1. "结"与"解" ‖140

2. 喜欢上慢的感觉 ‖144

3. 用爱超越罪与罚 ‖148

4. 何必学会地球人的伎俩？ ‖153

5. 坦然的勇气 ‖156

6. 老爷爷做事总是对的 ‖160

7. 老板娘的信 ‖163

后记

当你真心渴望一件事 ‖ 167

苦难就像是化了妆的祝福 ‖ 174

第一章

孩子，我该如何面对你

　　对我而言，这世界上，没有一件事比蔡杰的未来更重要。于是，在蔡杰三岁半那年，我毅然辞去工作，下定决心，要用不留退路的爱，帮助我的爱子穿越障碍。

1. 从天才到自闭儿

孩子，我该如何面对这样的你？

2. 天使脸庞，魔鬼情绪

在他天使般的脸庞下，却有魔鬼般的情绪障碍。

3. 这世上，还有什么比你更重要？

要用不留退路的爱，帮助我的爱子穿越障碍。

蔡杰爸的一封信（1）

1. 从天才到自闭儿

看着附近街坊年龄相仿的孩子都开始牙牙学语，我心里很不是滋味，但我仍强自镇定，不断说服自己：也许我们蔡杰是"大鸡慢啼"……

"望子成龙，望女成凤"是每一位父母殷切期望的，当然，我也不例外。

我儿子名叫蔡杰，之所以取名为"杰"，就是希望他能成为人中豪杰。

这是我们家族的第一个孩子，打从知道妻子怀上蔡杰的那一刻起，我就对他充满期待。蔡杰还在妻子肚子里的时候，就开始听胎教音乐。他五个月大时，妻子在台北参加抽奖，抽中一套迪斯尼的教材，我特地开车去带，教材多到几乎把车子塞满。

这套贵族教材一套就要十几万（台币），以我们夫妇的收入来说，绝对负担不起，没想到我们竟然能幸运抽中，全家人都欢喜地想："这一定是天意，上天要我们好好栽培蔡杰，让他成龙成凤！"

在那个幸福的当下，我深深相信：我们家蔡杰长大后可能是个天才，就算不是天才，也一定会比别的孩子更聪明。

我认真看了许多早期教育类书籍，蔡杰出生以后，我便开始实施零岁教育，期盼把他打造成一个**优秀生**。

除了每天听迪斯尼的 CD，看迪斯尼的 DVD 和课本，也让他听九九乘法口诀、三字经、二十四孝、童谣、古典音乐，看东森幼幼（台湾少儿频道）及新闻节目，还会抱着他念故事书、玩益智玩具。每次带蔡杰出门，我都不厌其烦，沿途一一指认各种商品名称教他辨识……恨不得能一口气将这世上所有的知识都教给他。

看着才一丁点儿大的小蔡杰，我心中满溢着幸福的美梦，幻想着他长大的模样。是的，他一定会跟他的名字一样，杰出、优异、出类拔萃……也许他会成为医师、律师或工程师，哦！甚至可能是科学家，是另一个爱因斯坦！

我开始准备为蔡杰写一本日记，打算翔实记录关于蔡杰的"优秀生教育之路"。可万万没想到，这本日记最后会变成一个自闭儿父亲的教育点滴。

蔡杰一岁半时，我开始有些疑惑。

　　迪斯尼每个月都会寄来月刊，里面有父母们分享的小故事，他们都说自己的孩子只要听几次就会跟着说或唱，或是用英语指出生活周遭的小东西，而且，那些父母还只是被动的播放教材而已，并没有刻意引导。

　　我相信，我应该做得比别的父母更认真，但这些童谣、英文字母，蔡杰已经听过千百次，却为什么完全做不到呢？

　　不要说是英文，我们家蔡杰甚至连中文都学不会。

　　看着附近街坊年龄相仿的孩子开始牙牙学语，我心里很不是滋味，但我仍强自镇定，不断说服自己："也许我们蔡杰是'大鸡慢啼'，再过一阵子，他一定会突飞猛进，给我惊喜的。"

　　然而，我的期盼却落空了。到了两岁，他始终没有给我任何惊喜。

　　妻子多次提到要带蔡杰去看医生，但学中医的父亲却持反对意见，坚信"孩子大一点儿自然就会好了"。可是，随着时间过去，蔡杰并没有自然好起来，我的内心越来越煎熬。

　　蔡杰两岁半那年，我终于忍不住了，带他去医院，填了一大堆表单，做了一连串繁复的检查，除基本的验血、验尿外，还做了听力测试、脑波检查、认知测试等。

　　医院让我填了一份长长的问卷，乍一看，许多题目看起来都是很简单的基本动作，我忍不住嘀咕：这有什么好问的？我的孩子又不是傻瓜！

　　但是当我逐条检视对照时，心里的恐惧开始一点一点地浮现……

◎可以认出自己的相片……………………否！

◎说出否定句、过去式……………………否！

◎听从两个连续相关的指示………………否！

◎用名字表示自己…………………………否！

◎知道性别…………………………………否！

◎在疑问句末加"吗？""呢？"……………否！

这份测验表格，我每答一个"否"，心就再往下沉一点儿，我们家蔡杰到底怎么了？我好惶恐。

一个月后，诊断书出炉，原来，我们家蔡杰不是天才，也不是优秀生，而是个有广泛性发展迟缓，重度语言障碍的自闭儿！

这对一心要成为**优秀儿爸爸**的我来说，不啻是个晴天霹雳。

那一夜，我辗转反侧，怎么也睡不着。

孩子，我该如何面对这样的你？

2. 天使脸庞，魔鬼情绪

他就跟正常的孩子一样，有着一张天真可爱的天使脸庞，但在他天使般的脸庞下，却有魔鬼般的情绪障碍!

常在电视节目或是日常生活中听到有人用自闭症来挖苦内向的人，但，你确切知道**自闭症**是什么吗?

如果不是因为我们家蔡杰是自闭儿，我想我可能也会以为**自闭**只是单纯的孤僻而已。只有身为自闭儿的家长才能体会，自闭症是怎样一个如此棘手、如此让父母心碎的疾病。

其实，蔡杰的自闭症情绪障碍症状很早就出现了，只是那时候我们并不知道这就是自闭症，还以为是他天性比较固执，或是年龄还小不懂事。在知道蔡杰是个自闭儿后，我花了许多心力搜集、详阅与自闭症相关的资料，才恍然大悟，原来，蔡杰那些奇怪的反应，并不是一种**个性**，而是一种**症状**。

比如说，在蔡杰的思维里，完全没有"弹性"这两个字。只要他认定想做的事情，绝对不能违拗他的意愿，否则便会引起他强烈的情绪反弹。

蔡杰约一岁零两个月会走路后，就不让人牵他的手，坚持要自己走，但家长怎么可能让这么小的孩子自己乱闯？每一次，只要有人硬牵他的手，他就会死命反抗、哭闹或倒在地上打滚。

只要他认定要出门，穿好鞋子那一刻就一定要**立刻**上车，绝对不可以让他等候一秒钟，家人偶尔忘了东西，再去屋里拿，只要让他有**等待**的感觉，他就马上抓狂。

不知道为什么，他对 TVBS 台（台湾本土卫星电视台）特别情有独钟。只要在他面前打开电视，就只能看 TVBS 台，遇到广告也不可以转台，而且，绝对不能中途关掉电视，否则他也会暴怒。此外，每天我在泡茶时，每一次茶壶装满水后，盖子一定要让他盖，若阻止他，他就会气得失控，开始乱丢我的茶壶、茶杯，甚至企图拿泡茶用的热开水往自己身上倒，异常执拗。

甚至，只要在他印象中认为**理应发生**的事，无论如何，绝对不可以改变。譬如说，只要按电灯开关，电灯就**应该**要亮，不然，他就无法接受。记得有一次台风天停电，电灯未能像他所**预料**的那样一开即亮，他竟整夜发狂似地不断去开闭开关，无论大人如何呵斥都没有用。

更匪夷所思的是他极端的**敏感触觉**。每当他吃饭或喝水时，绝对不能有食物掉到碗外面，或是食物沾黏到他穿的衣服上，哪怕只是一粒米、一滴水都不行，否则他就开始躁动不安，不肯再吃饭，直到换上干净的衣服为止。

走路时，他脚底绝对不可以踩到小沙砾、头发之类的小东西，不然就会像做"一二三木头人"游戏一样立刻定住，停止任何正在做的事，一定要把脚底擦干净才能够继续。

连一根头发都不能忍受，更何况是大量的水？所以，每天我帮蔡杰洗澡时，他总是哭得惊天动地，就好像要对他施予酷刑一样，每次帮他洗完澡我都累得筋疲力尽。

光看我们家蔡杰的外表，他跟正常的孩子一样，有着一张天真可爱的天使脸庞，但在他天使般的脸庞下，却有魔鬼般的情绪障碍！

他就像是一颗不定时炸弹，只要事情跟他的期待有落差，他就会激动，尖叫、嚎哭得声嘶力竭、满地打滚，甚至还会破坏物品、疯狂撞墙，不知情的邻居可能以为我们家天天都在毒打小孩。

毕竟我从未有过育儿经验，在确诊以前，我一直以为，这些特殊的行为只是因为蔡杰天性固执，后来才知道这是自闭症的症状。

当一切的疑问都得到解答以后，我并没有如释重负的感觉。相反地，有一种茫然的无助感，我们父子今后该怎么走下去？

什么是自闭症？

自闭症是因脑部功能异常而引致的一种发展障碍，临床症状通常在幼儿三岁前出现。

自闭症者常伴有智障、癫痫、过度活跃、退缩及闹情绪等问题。

患有自闭症的学生在日常生活中有三大障碍：人际关系障碍、语言表达障碍及行为障碍。每一个自闭症患者的症状皆呈现不一样的组合，每一种症状又依不同程度有轻度到重度的差别。以下列出一些自闭症患者的典型问题与行为：

社交技巧的障碍

自闭症患者缺乏学习认识自己与他人关系以及基本社交应对的能力，因此从幼儿起，便可能表现出不理人、不看人、对人缺少反应、不怕陌生人、不容易和亲人建立亲情关系等问题。在社交方面，由于兴趣偏狭，模仿力较弱，他们大多不能掌握社交技巧，缺乏合作性。同时，由于想象力较弱，他们极少会通过玩具进行游戏活动，难以体会别人的情绪与感受，不能以一般人能接受的方法去表达自己的情感等。

语言和沟通障碍

自闭症者在了解他人的口语、肢体语言或以口语、手势、表情来表达意思等方面，都有着不同程度的困难。他们谈话的内容大都局限在少数的几个主题上，或只用几个字或词。约有50%的自闭症儿童不会沟通性的语言，而能说话的自闭症儿童也常表现出鹦鹉式学舌、答非所问、声调缺乏变化等特征，对于非口语沟通方式（如手势等）也较难理解，他们通常也不太会运用肢体语言来与人沟通。

重复性及局限性的行为模式

自闭症儿童常会有一些和一般儿童不一样的固定习惯或玩法，如出门走固定路线，特殊而固定的衣、食、住、行习惯，狭窄而特殊的兴趣，玩法单调反复，缺乏变化，环境布置固定等，如果稍有改变就不能接受，从而抗拒、哭闹。自闭症患者也可能对于按按钮、开关门、旋转物品等重复性的行为感到着迷，他们也可能会出现摇晃、旋转身体或拍手等异常的刻板行为。

3. 这世上，还有什么比你更重要？

我想通了，只要蔡杰有那么千万分之一的机会可以得到健康、幸福，我个人微不足道的前途、荣辱又算得了什么呢？

癌症患者刚被医师确诊时，通常会经历五个阶段的情绪反应：震惊→否认→愤恨→忧郁→接受。

这其实也是我的心路历程。

刚知道我们家蔡杰不但不是优生儿，甚至还是重度障碍的自闭儿时，我真的无比震惊，多么希望这是误判！心中也曾充满怨怼与郁结：我到底做错了什么，老天爷要让我的孩子罹患这种疾病？

蔡杰三岁那年，我领回他的残障手册，手册上标明的障别是**自闭症**，级别则是**重度**。

"重度障碍"这几个字，在我这个爸爸的眼里看上去是多么刺眼啊，我所寄予厚望的儿子竟然是个重障者！在外人的眼中，我的孩子可能是个笨蛋、是个傻瓜，一想到这里，我就心痛得难以自持。

但，最后，我仍是接受了这个事实。

纵使这孩子不如当初想象得完美，但他仍是我的爱子，我对他仍有期待，不愿就此放弃。

因为蔡杰，我忍不住想起我那跌跌撞撞的成长岁月。

小时候的我有着很严重的口语障碍，讲话总是结结巴巴。母亲总是用责骂的方式来纠正我的口吃，而我的哥哥、妹妹年纪小不懂事，就喜欢用学我讲话的样子来取笑我。

最亲的家人都是这样，到学校更不用说了。被同学嘲笑、模仿是家常便饭，就连某些老师也无法体谅我的苦衷，因而误会、指责我，让我成为全班的笑柄。我越是拼命想把话说好，越是说得磕磕巴巴，引来更多误会和讪笑。

我是个自尊心强的孩子，渐渐地，我干脆闭口不言。课堂上，老师们都会抽点学生念课文或回答问题，其实我都知道答案，但是我再也不要在课堂上开口，我宁愿被打手心、罚站，也不要开口招致羞辱。

这些童年创伤，对我影响甚深。

即便我成年走入社会，口吃的问题仍未能根除，加上我又是多汗型的体质，说话结结巴巴又一直冒汗，常常让人误以为我很紧张。除非是熟识已久的朋友，否则像我这样的人，给人的第一印象通常是很没自信又没能力。

就算我想解释，别人也没有耐性听。通常我还没把话表达清楚，对方就受不了，帮我接话，但他们帮我接的话，未必是我所想表达的意思，甚至可能是一种曲解，但我为了避免口吃招致更多尴尬，只好勉强点头表示认同，至于那些原本想说的话，只好搁在心中。

"哑巴吃黄连""有口难言""百口莫辩"这些形容词，我充分体会。

而我们家蔡杰的障碍又岂止是结巴而已？若是我什么都不做，我可以预见蔡杰的成长过程会有多少难以启齿的辛酸血泪。我自己的命运是如此也就罢了，我不要我的儿子也蒙受这种痛苦。

我更担心的是，若他一辈子都学不会生活自理，终身都需要仰赖别人照顾，有一天，我比他先离开这个世界，到那个时候，他该怎么办呢？

在知道蔡杰有自闭症以后，对于期盼孩子出人头地的梦想，我便彻底抛诸脑后，心中只有一个期盼：他长大能够独立生活，过得平安喜乐。

问题是：谁来承担教育他的重责大任？

对特殊儿童的教育方式跟一般幼儿不同，非常需要家长全心的投入。除了需要到学校陪读、陪孩子上医院做治疗，还要自我学习相关的早疗成长课程。如果家长参与度低，把责任都交给老师，治疗的成效恐怕有限。

我们夫妇原本都有工作，在"男主外，女主内"的传统观念下，我的父母一直强烈要求我的妻子辞掉工作，专心带小孩。

可是，我左思右想，觉得这并不是一个最好的办法。

蔡杰脾气发作起来时，那种不顾一切的蛮劲儿简直就像是要跟你同归于尽，妻子是瘦弱的女性，她的力气不足以控制情绪爆发的孩子。记得蔡杰两岁多时，有一次，妻子单独带他出去骑脚踏车，蔡杰在大马路旁突然情绪失控，妻子束手无策，只好打电话来求救，我赶紧开车到现场，硬是把他带上车。妻子对这件事心有余悸，再也不敢独自带小孩出门。

除了体力因素，还有"家庭政治"方面的考虑。我父母都是个性强硬的人，对教育孩子有他们的主观看法，我是亲生儿子，跟父母意见相左无妨，但她是媳妇，角色不同，可能就会有所顾忌，即使意见不同也不敢坚持。

或许，这个担子，该由我扛下来……

但要回归家庭当个全职爸爸，心中不免挣扎。

我们家并不是没有后顾之忧的富裕人家，我若辞掉工作，家里收入岂不是少了一半？而且，与社会脱节那么久，将来再次就业不会有问题吗？我用我的前途做赌注，去教育一个可能看不到未来的孩子，万一失败了，岂不是两头落空？再者，台湾南部民风保守，我是否能够忍受周遭异样的眼光，被看待成是个吃软饭的男人？

无数个夜晚，这些念头在我心中不断翻搅着。转眼，又过了半年，蔡杰已经三岁半，他仍然不会说话。

我深知，已经不能再拖了，有些事情是经不起等的。若在孩子六岁前还不加快脚步实施早疗，也许蔡杰就再也没有机会了。

我想通了，只要蔡杰有那么千万分之一的机会可以得到健康、幸福，我个人微不足道的前途、荣辱，又算得了什么呢？

对我而言，这世界上，没有一件事比蔡杰的未来更重要。

于是，在蔡杰三岁半那年，我毅然辞去工作，选择了全职爸爸这条路，下定决心，要用不留退路的爱，帮助我的爱子蔡杰穿越障碍。

蔡杰爸的一封信（1）

亲爱的老师：

　　非常感谢老师愿意接受蔡杰这样的孩子在你们班上就读。第一天上课，让我有点儿受宠若惊，一进教室，有一半的小朋友围在蔡杰的旁边，想要和蔡杰玩，因为老师的用心，提前将蔡杰的事告诉了大家。我非常感动，这是一个好的开始，真的非常感谢老师。

　　我准备了两张DVD给老师，这是一部日剧《与光同行》，是关于家有自闭儿的故事，老师若在家有空时，可以慢慢观赏。

　　下午上课时，我若待在蔡杰旁边，会给老师造成困扰，使老师受到限制，也会使他过度依赖我，所以我下午会留在特教班教室等候。现阶段他的混乱行为已经减轻许多了，但偶尔还是会抓狂，我不希望因此而影响到其他小朋友上课，如果蔡杰有什么突发性状况，请您打电话过来，我会立刻过去处理。

　　因为我的孩子曾经被私立幼儿园拒绝，所以让他去普通班上课一直都是我心中最重要的一件事，如今终于如愿以偿了。

　　学校的课程，我一点儿都不会担心，因为这些我都可以教他，就算受限于他的智能，学业上可能学得不太好，那也没关系。

　　我觉得读书并不是最重要的一件事，我只希望他能交到朋友，能主动和他同年纪的小朋友说说话、互动就好了。

我可以教他写字、画画、打计算机、溜直排轮、游泳、生活自理……但我无法生出 30 个不同个性的小朋友来陪他互动，所以希望能得到老师的帮助。

当然，老师不用特别照顾蔡杰，只要用一般的态度对他即可，他做错事，也一样要惩罚，不能有不一样的标准，只是要观察一下他是故意的还是受限于他本身生理的问题。如果有任何需要协助的地方，我会尽量配合。

（蔡杰爸）蔡昭伟

第二章

孩子，让我读懂你的心

　　孩子就像是一面镜子，会投射大人的各种好坏行为……亲爱的蔡杰，爸爸会努力做个好榜样，要在你心里留下温柔与美好，而不是愤怒与憎恨……

1. 让我与你灵犀相通

因为他知道，有人理解他的心。

2. 你的委屈，爸爸懂

亲爱的蔡杰，爸爸会努力做个好榜样。

3. 他没有中邪，他只是超级单纯

能够如此单纯地把快乐的事情放在心里咀嚼这么久，也未尝不是一件好事。

4. 我们的"一千零一夜"

多么盼望这涓涓滴滴的努力能够感动老天爷。

5. 饶了孩子，也饶了自己

孩子，爸爸懂你的心，爸爸知道你正在努力。

6. 生命不是非黑即白的是非题

蔡杰的世界没有灰色地带，只有壁垒分明的黑与白。

7. 不再轻易离开你

我爱他。而且，我知道，他也爱我。

8. 数出孩子的成功经历

孩子，我要让你相信，所有的苦难或考验都是有终点的。

蔡杰爸的一封信（2）

1. 让我与你灵犀相通

虽然无法像同龄孩子一般流利说话，但是，至少他不怕说话，
因为，他知道，深爱他的父亲永远会与他灵犀相通。

说话，是许多自闭儿父母心中的痛。

一般父母很难体会，我们是多么渴望孩子可以跟我们流利
地对话。

从蔡杰学会走路后，我就常带他去公园玩。公园里有许多
儿童，身为家长的我，总会留意那些跟自己宝贝年纪相仿的孩
子。蔡杰一岁多时，我看到跟他差不多大的孩子已经学会说话，
还不觉得如何，毕竟有些孩子语言能力较强；到了蔡杰两岁，
看到别人的孩子已经可以和父母进行一些简单的对话，我便忍
不住心生羡慕；到了蔡杰三岁，那些孩子们都可以叽叽呱呱说
上一大串话了，而蔡杰却沉默依旧，这时我的心情难免受到影响。

　　有些人比较直，看蔡杰不会说话，竟当面质疑："都那么大了，怎么还不会说话？""怎么会那么'憨慢'（迟缓）？"就连我父母也常指责我和妻子："你们到底有没有在教团仔（小孩）？"

　　每次听到这些话，我内心不禁一阵委屈。旁人不了解蔡杰的状况，我也无法向他们一一解释，**自闭症**是一种心智缺陷，不管我们怎么费心教导，成效就是这么缓慢。

　　对于蔡杰这样特殊的孩子，就连让他认真叫我一声"爸爸"都不是件容易的事。

　　蔡杰两岁半开始做语言治疗，历经漫长的煎熬，在三岁时终于可以发出一些声音，不过那都是不具任何意义的语言。

　　他虽然可以发出"爸爸"的音，可是他完全不知道"爸爸"的真正意义。问他"爸爸在哪里？""哪一个是爸爸？"他都不会去找，也不会用手势比划出来。尽管我们非常努力地引导他，可他的认知能力似乎一直停留在婴儿阶段。对他而言，语言并不是沟通的工具，它不具任何功能性和意义，只是被强迫做的一件事情。

　　我读遍我能找到的所有文献，尝试过无数方法来诱导他说话。用唱歌、接句、夸张的肢体动作、增强物①、玩互动游戏、

---

①凡孩子喜欢的事物或行为，都可当作增强物。增强物最好不只一种，且是孩子真正喜欢的。如果孩子的行为结果是愉快的，主动性就会增加，故家长应时常考虑自己的处理方式是否正确，勿在不经意间增强孩子的不良行为。

自然情境教学法、结构化教学法、鹰架式语言学习法 [①]、图卡、实物、CD、故事书等，凡是自己可以想到的或是有资料可参考的，每一样我都努力试过。

但是，无论我们再怎么积极，成效依旧不彰。教蔡杰说话，简直就像教他学微积分一样困难。

在蔡杰三岁半之前，就算有办法让他发出声音，也只是鹦鹉般的学舌，并不具任何意义，而且次数少的可怜。

对蔡杰来说，说话真的是一件很痛苦的事情吧？每一次让他说话，反应总是哭哭啼啼，但急切的我却总是想尽办法强迫他继续练习。

记得有一次，我教他说话，他就开始哭闹，不说，就是不说。我心里也拗了，心想："好，没关系，我就是不休息，看你能够哭多久？"那天家里只有我们两个，没有阿公阿嬷或妈妈来搭救安抚，结果，这小子竟然从早上九点开始，一直狠狠哭到下午一点，整整四个小时不中断。而且，哭闹的程度并不因时间流逝而递减，从头到尾都是撕心裂肺式的号啕大哭。

我原以为经过三年洗礼早就对蔡杰的哭闹麻痹了，但是，这一次，我还是投降了，他哭到我的心都碎了。如果我没投降，我想他真的会用他剩下的生命继续哭到地老天荒。

那时他三岁多，有了这一次深刻的经验，我不再刻意逼迫

---

① 自然情境教学法、结构化教学法与鹰架式语言教学法，均是训练自闭症儿童说话的教学方式。

他一定要说话了，否则，只能是两败俱伤而已。

夜深人静时，我仔细检讨，过程痛苦的教学怎么可能会有良好的反馈呢？这个道理对一般小孩尚且如此，更何况是状况特殊的蔡杰。

后来，我改变了教学策略，改用"快乐学习法"。我带他去学运动、去玩耍，设法用游戏来提高他**说话的动机**，每次教他说话一定要含有**快乐的成分**，再搭配前述那些教学法，才慢慢见到一点儿成效。

蔡杰第一次说出**有意义**的话，是在他三岁零八个月的时候。

那一天，我故意将他喜欢的小汽车放在高处，他若想拿，就得自己开口要，后来他急了，挣扎了一阵子，用不太清楚的发音含糊说出"汽车"二字，我非常惊喜，立刻把汽车拿给他。为了让他记得，我慢慢地对他说："再一次。"然后把小汽车再放回高处，这次他的反应比上次快了点儿，之后我又反复了几次，他也都做到了。

对其他家长来说，三岁儿会说"汽车"有啥了不起？但对我来说，这是一个里程碑，蔡杰准备好了，终于可以说话了。

刚学会说话之际，蔡杰自发性、有意义的言语不多，也罕开金口，但慢慢地，他开始会自言自语，词汇也增加了许多。

只是，在四岁以前，他说的话几乎没人听得懂。他的发音非常模糊，比如把"妈妈"说成"哈哈"，把"饼干"说成"引憨"，而"姑姑""叔叔""猪猪"听起来则都是同一个音。

阿嬷个性急，常因听不懂蔡杰的话而失去耐性，就像对我小时候一样，开始责骂蔡杰，这正是我最担心的情况。我儿时就是因为口吃遭他人曲解而变得沉默寡言，为什么不能吸取教训呢？我严肃地向母亲提起我的童年创伤，请求她改变对待孙子的态度，她也接受了。

不过，阿嬷的反应我也不是不能理解，别说是其他人，就连跟蔡杰朝夕相处的我，都听不太懂他说什么。但我总会积极去寻找线索，努力猜测他的意思，深怕他好不容易才萌芽的声音因无人理解而又退化回去。

如果我猜对了，蔡杰会很高兴；但如果猜不到，我就会引导他再说一次，并且鼓励他，他用手指头指给我看，他想表达的是什么。通常，十次里我可以猜到五六次，我猜不到的时候，他就会很沮丧，甚至很生气。

有一次，蔡杰发了一个听起来像是"haie"的音，我怎么都猜不透，他又急又气。之后每天不管在任何地方，他都重复着这句"haie"，同时还拉着我的手往别的地方跑，不然就用手指头指向某个方向，可是当我走过去，他又指向另一个方向……兜来兜去，总是不对。

他受挫得大哭起来，口中叨叨地念着"haie""haie"，但我就是不懂，这也算是种"鸡同鸭讲"的困境吧。

为了猜透他的"haie"，我甚至开车带着蔡杰在周边瞎绕，整整绕了一个小时，但还是猜不中。到后来，我真的很怕他再说出"haie"这个像咒语一样的词汇，因为只要他一说出来，情绪就会开始失控。

这种事发生了十多次后，我努力回想，他究竟想要表达什么？

我苦思了一个月，有一天睡觉时，梦见我曾经带他到嘉义长庚医院旁边公园玩耍的情境，醒来后，我脑中灵光一现，我曾经教他说过"长庚医院旁边的公园"这句话……

蔡杰念念不忘的"haie"会不会是指长庚医院呢？

因为他有严重的语言障碍，无法发出清楚的构音，所以才会把"长庚医院"说成是"haie"。

解开谜底以后，那一天，我开始期待蔡杰再度说出这个困扰我们父子月余的"谜语"。下午，当他又说"haie"时，我立刻接话："长庚医院旁边的公园吗？"

他先是愣了一下，接着，脸上露出了笑容……

果然！我猜对了！

我趁势要求他慢慢说出"长庚医院"四个字，练习了几次，他有些进步，虽然听起来还是口齿不清的"蛤、黑、衣、业"，但至少是四个音，已经大有进步。

那天下午，我们父子欢欢喜喜地到长庚医院旁边的公园玩。那个下午，对我们父子来说都弥足珍贵，灵犀相通的感觉真好！

类似的经验不胜枚举，我经常得搜尽枯肠，寻找一些自己快忘掉的线索，才有办法推理出蔡杰的意思。

一次偶然机会，我发现他居然不会喝珍珠奶茶，他不知道怎么吸起杯底的粉圆，甚至也不会吹肥皂泡。我这才了解，他没有办法跟一般孩子一样精准地运用自己的唇齿与舌头，难怪他学发音会这么辛苦，因为他很难做出正确的口型或调整唇齿舌的位置。

我内心泛起不舍。孩子，爸爸知道你很努力，只是这对你来说真的很难。

每次吃饭前，我先用水或汤让他练习嘴唇闭合；买哔哔糖①让他学会嘴唇用力；陪他吹泡泡、吹蜡烛、吹口琴……让他自然而然学会口腔的肌肉控制。虽然成效不快，但没关系，孩子，我们一起慢慢努力。

本来，蔡杰只会讲单词，渐渐地他已经可以完成一个简短的句子。

一开始，只要他开口要求，我一定会立即实现他的请求以鼓励他。例如，当他说"我要吃冰淇淋"，我就会立刻去买冰淇淋；说"我要溜冰"，我就会立刻帮他准备溜冰鞋，带他去溜冰场；说"我要看 TVBS"，我就立刻将电视转到 TVBS 台。

一段时间后，他已经充分懂得说话可以带来好处，开始

---

① 哔哔糖，又名"口笛糖"，是一种糖果，硬币般大小，圆圆厚厚，中间有一个小洞，放在嘴中可以吹出声音。

一连串说出"我要吃开心果""我要吃巧克力""我要喝奶茶"，虽然能让他多说话是好事，但我开始无法应付他的需求了。另一方面，我也觉得时候到了，不能再这样宠着他了，便诚实地告诉他家里没有开心果，但是他不能接受，便开始哭闹不休。

我想到一个解决方案。蔡杰向来很喜欢跟我们玩挠痒痒游戏，于是，在他提出我无法满足他的需求时，例如"我要吃巧克力"，我就用俏皮的音调说出："没有巧克力了啦！"同时对他挠痒痒，逗他开心，转移他的注意力，让他进入一个新的游戏状态。

往后只要他再提出我做不到的要求时，我就会和他玩起这个游戏，蔡杰很爱这个游戏，简直是乐此不疲。

演变到后来，即便我不再对他挠痒痒，只要我的语调不一样，他就能笑得很开心。这个小游戏，不但可以化解彼此对峙的危机，也为他增加了练习说话的机会，而且，这种快乐的互动更让我体会到"俯首甘为孺子牛"般的人父喜悦。

如今的蔡杰，虽然无法像同龄孩子一般流利说话，但是，至少他**不怕**说话，因为他知道有人理解他的心，至少深爱他的父亲永远会与他灵犀相通。

蔡杰爸的快乐教学方式

唱歌：配合孩子熟悉的旋律重复句子，可以加深印象。

手指头提示字数：对孩子比划出有几个字，让他得到视觉提示，每说一个字，手指头就跟着动，他就比较有信心开口。

夸张口型：当孩子说不出来时，用非常夸张的口型配合正要说出来的字（但不要发出声音），让孩子用看的方式学说话。

慢慢说：当我们在问孩子问题时，确定他答不出来，就要教他怎么正确回答，一个字、一个字慢慢说，再要求他复述。

小游戏：大部分有用的知识须靠自己发问才能真正吸收，只依赖大人帮助而强迫学习，效果有限。要设计小游戏，教孩子运用**疑问句**，只要孩子学会发问，就能得到奖励。

练习法：蔡杰四岁半时，只能说出五到七个字的句子，句子太长呼吸就会不顺，为了让他习惯说出长一点儿的句子，便在句子前面加上孩子原本就很熟悉的"1、2、3"，让五个字的句子瞬间变成八个字，例如"1、2、3，我要回家了""1、2、3，我要去公园""1、2、3，我要睡觉了"，让孩子练习说长句的运气方式。

第 2 章
孩子，让我读懂你的心

2. 你的委屈，爸爸懂

处罚过后，事情非但无法解决，还会让蔡杰更愤怒、更激动，从来没有因为处罚而达到管教的效果，一次也没有！

2007 年 4 月 16 日，美国弗吉尼亚理工大学校园发生了恶性的枪击事件，连同行凶后举枪自尽的韩裔学生赵承熙在内，一共有 33 人死亡，是美国史上死亡人数最多的校园枪击事件。这起枪击案震惊了全世界。

在阅读相关报道时，某些描述引起了我的注意：23 岁的赵承熙出生于韩国，八岁时随家人移居美国，从小孤僻内向，很少与人沟通，在同学的嘲笑和欺负下，性格变得愈加自我，性格缺陷加上长期被忽视，终于酿成无可挽救的悲剧……

这件事情发生后，他的奶奶诉说："人家的小孩都会跟父母谈心，可是，我从来没看过这个孩子跟父母谈心……"在学

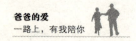
校没人懂他，就连老师都嘲笑他。

我不禁一阵悚然。在这些叙述背后，我读到了深沉的无奈与悲伤。

我自己幼时曾因语言障碍被欺负过，所以深深了解那种**不被世界理解**的痛苦。我忍不住想，赵承熙固然是个偏激、极端的人，但如果在赵承熙的成长过程中，能够给予他足够的理解与爱，也许这个遗憾就不会发生了，那无辜的 32 个家庭也就不会破碎了。

弗吉尼亚枪击案发生的那一年，蔡杰四岁，看着他稚气的脸庞，我不禁心痛起来。亲爱的孩子，爸爸跟你保证，我会给你丰富的爱与理解，让你长大后也能拥有爱人与理解世界的能力。

小时候，我只要犯错，父母亲就会用藤条或是晒衣架教训我，我哭得越大声，父母就越生气。我虽有语言障碍，但还是个乖觉的正常孩子，很快就学会了忍耐，只要不乱动乱哭，父母就不会继续责打。

我想，很多人应该也是这样长大的，家长总是会边责骂（打）边恐吓："不准哭，嘴巴闭起来！"这种打骂教育对一般孩子来说，绝不是好方法。一般孩子能揣摩大人的行为模式，并试图收敛自己的行为，以减少被责骂的次数。但是，自闭儿不懂得察言观色，也无法理解大人教训的内容，处罚他，绝对无效！

在蔡杰还听不太懂语言的阶段，我跟家人偶尔还是会忍不住责骂或处罚他，但处罚过后，事情非但无法解决，还会让蔡杰更愤怒、更激动。从来没有因为处罚而达到管教的效果，一次也没有！

等他稍大一点儿，只要生活中稍有小意外，不用等到我们发怒，他的情绪就会如火山爆发。比如说，蔡杰吃饭喝水时不小心打破了餐具，碗破掉的一瞬间，他就立刻抓狂崩溃，开始大吼大叫，甚至出现类似自虐的行为。

愤怒的蔡杰看起来真的很吓人，因为过分激动，所以汗水直流，全身肌肤发红起疹，愤恨的双眼满布血丝，有时甚至会翻白眼，双手紧拉着大人不放，甩也甩不开，简直像是在演恐怖片。

在这种混乱疯狂的情况下，还谈什么**管教**？只能赶紧替孩子收拾、善后，安抚他失控的情绪。我这当爸爸的也有满腹委屈：明明就是儿子犯错，却是老子要受儿子的惩罚，这还有天理吗？

在我最沮丧的时候，甚至万念俱灰地想：不要说是孩子，就算是一只小狗也懂得看主人脸色、听主人命令，你怎么连一只小狗都不如呢？

孩子啊孩子，为什么你会这样呢？

但自从发生了一件事以后，我总算能理解蔡杰极端反应背后的原因了。

蔡杰三四岁时，我教他发音、说话，教导过程中如果他眼神飘忽、心不在焉，我就会捏一下他的手掌，当然，力道绝不会太大，目的只是逼他回神注意我。平常，当我叫他的名字他没反应时，我也会去轻捏他一下。

久而久之，他便慢慢被制约：只要听到爸爸的声音，就要做出反应，否则爸爸就会来捏我一下。

有一次，我拿着一本图画书，要蔡杰跟我一起念出图片的名称。翻第一页时，我看他不作声，心想他大概对这个主题没兴趣，很自然就翻到下一页，没想到他竟然哭起来，更诡异的是，他突然抓住我的手，示意要我捏他。

刚开始，我还搞不清楚他要做什么，便不理他，只是要求他跟着我一起念，但他哭闹不休，还紧抓着我的大拇指及食指，朝他的手掌按下去。

我明白了，他是让我捏他。

我平和地对他说："爸爸没想要捏你，只要你跟着爸爸一起念就好了。"但无论我跟他保证多少次，他就是不放手，坚持要我捏他，他用行动告诉我："我不会念！我念不出来！我不好！你处罚我！你处罚我！"

在一旁的妻子看到这一幕，眼泪不听使唤地掉下来，我也心痛极了，颤抖着告诉他："爸爸以后都不会捏你了，不念就不念，没关系，爸爸以后不会捏你了……"说完便心慌意乱地甩开蔡杰的手，躲进厕所，不想让妻子及孩子看到我脆弱的一面。

隔着门，我听到妻子哽咽着安慰哭泣的孩子，而我也在厕所里泪流不止。天啊！我们过去到底对这个无法表达自己的孩子做了些什么？从那一次事件后，我对待孩子的方式更加小心了，即使我已经火冒三丈，也绝对不会体罚蔡杰。因为我的孩子就像是一台复印机，他会把我的怒气、我对他做的所有负面行为完全复制在他的脑海深处。

知道蔡杰的行为模式之后，我终于可以理解他过去情绪障碍的部分原因了。

当他打破碗或打翻水时，他之所以立刻抓狂，并不是知道自己犯错，而是他曾经因为这样的事件被家人大声责骂或训斥过。他不能理解大人管教的用意，但他记得被责骂的模式，当他做不到我们的要求时，他就会想起过去的经历，就算大人没有发飙，他也会马上"复制"出相同的混乱场面。

他不是知道他错了，而是觉得自己**应该要受罚、应该要受苦**。

这是多么令人痛心的事情！

我曾听一位自闭儿家长分享过他的经验。有一次，他因为有事，稍微晚一点儿去学校接孩子，自闭症孩子因为缺乏弹性思维，等不到爸妈来接他，便开始哭闹，不了解自闭儿的老师安抚无效后，忍不住也被激怒，开始大声斥责孩子，甚至粗鲁地拉扯，场面非常混乱。

隔天，放学时间一到，老师说："放学了！"这个孩子情绪就突然爆发了，此时已经不是家长有没有准时来接他的问题了，而是他已经牢牢记住了昨天那个负面的经历，但老师却依旧用严厉的方式来对待。

往后每一天，只要到放学时间，他就一定会抓狂，而且持续的时间愈来愈久。后来，老师改变方式，开始对他轻声细语，不再加强他的负面联想，这孩子才渐渐挣脱"放学魔咒"。

一般孩子在气氛紧绷时，会懂得调控自己的言行，以适应或改变情势，但自闭症的孩子解读事件脉络的能力很弱，也不知如何变通，他接收到的往往只是最表面的片段**情绪**，然后照单全收并全面"复制"。

即使之后发生的事件跟他一点儿关系都没有，他还是会不由自主地**重现**当初冲突的场景，产生所谓的**情绪障碍**。

以前，我们不懂蔡杰，当他又开始抓狂的时候，我们家的气氛也随之陷入低气压，大人们不只会对孩子动怒，也会彼此互相指责，弄得乌烟瘴气、鸡飞狗跳。蔡杰的**情绪障碍**就是这样一点一滴"学"来的。

自闭症的孩子自我控制的能力本来就不好，经常会引起旁人侧目，许多家长因为觉得**丢脸**，不是尽可能把孩子藏在家，就是用严厉的方式试图压制他的失控行为，但是，这样的做法只会造成恶性循环。

我也是普通人，蔡杰在公共场合抓狂时，我也会觉得颜面扫地，但是我知道，孩子是身不由己的，他并不是故意要让爸妈难堪。既然理解了这一点，我就不会用**压制**的手段来解决问题。

我试着放慢自己的脚步，当蔡杰情绪上来时，我不再随着他的情绪起舞，而是用平和的态度来面对，安静地看着他，不打断他的思绪。如果他要发泄，就先让他发泄。我能做的，就是耐心听他说话，虽然那些话语总是颠三倒四、乱七八糟，但我还是认真地聆听——我要让他知道：你的委屈，爸爸懂。

等他稍微平静，需要我的回应时，我再慢慢教他放松。我自己先**表演**深呼吸的动作给他看，让他试着模仿我，让自己心平气和。等他的气消了之后，我才会慢慢跟他解释刚刚发生了什么事，是谁犯错了，下次该怎么做才对。

在日常生活中，我尽可能让蔡杰感觉爸爸都是笑容可掬、快乐友善的。一段时间以后，蔡杰过去那些疯狂反应的频率明显降低。

常听人说，孩子就像是一面镜子，会投射大人的各种好坏行为，而自闭症的孩子更是一面极为忠实的镜子。

亲爱的蔡杰，爸爸会努力做个好榜样，要在你心里留下温柔与美好，而不是愤怒与憎恨，**让爱**的能量伴随你一生。

3. 他没有中邪，他只是超级单纯

这件事情对我有极深远的启示，往后在陪伴孩子的成长过程之中，我学着放下自己的立场，试着揣摩其心境，就更能理解孩子行为背后的原因。

自闭症的小孩哭闹、嬉笑都与一般小孩不同。以前的人不懂，看到自闭儿出现奇怪的反应时，很多长辈自然就会认为，可能是被魔神煞到或中邪。

我们家蔡杰，一度也被这么看待。

母亲担心我们夫妇是新手不会带孩子，所以在蔡杰九个月大以前，一直都让他跟阿嬷睡。蔡杰出生以来，睡眠状况就一直很不稳定，经常夜半啼哭，惊动全家。我不忍母亲被孩子扰得睡不好，想自己哄孩子睡，但母亲很坚持，说孩子会认人，不肯让我抱上楼，直到她体力实在无法负荷，才勉强同意接替。

我父母的作息原本就非常规律，且要求睡觉时保持安静，但有了蔡杰以后，他们就很难一夜好眠。即便接替后由我们夫妇来带，每夜蔡杰哭得震天价响，还是经常把父母吵醒。

要让蔡杰平静下来，只有一个方法：就是抱着他慢慢在室内踱步，直到他在我肩上熟睡，才把他轻轻放回床上。可是，蔡杰是一个极度敏感的小孩，只要手一离开他的身体，被他察觉，他就又开始哭得震天价响，屡试不爽。

无奈之下，只好又把他抱起来哄，直到他可以完全熟睡为止。每晚，孩子一定会惊醒两到四次，每次哭闹都必须抱着他在房间不断踱步摇哄，而且，在他睡着前，只能边走边摇，绝不能坐下来摇哄，因为蔡杰可以感受到其间的差异，只要大人一停止走路，他就开始哭闹不休。

这种"磨娘""磨爹"的情况，并没有随着他长大而改善，反而愈来愈严重。每晚一定要起床几次，抱着走几个小时，等他睡着后，我才如履薄冰、小心翼翼地坐在椅子上，尽管是坐着，但身体还是得尽量模拟走路时的律动感哄慰着，免得被蔡杰识破，那可就前功尽弃，得重来一次。

有很长一段时间，我几乎没办法在床上睡觉，只能抱着蔡杰，父子俩坐在椅子上相拥而眠到天明。当时我跟妻子白天都要工作，晚上还要这样折腾，真的都快累瘫了。

这种情况持续到蔡杰三岁以后才逐渐改善。两年多来，我与妻子几乎没有一夜安眠。原以为终于能够一夜好眠时，没想到，奇怪的事情却发生了。

三岁后，蔡杰终于可以一觉到天亮，夜里也比较不会啼哭，但取哭闹声而代之的却是**诡异的笑声**。

刚开始，我们都觉得很可爱，以为他在做什么好梦。可是随着次数增多，而且笑声愈来愈激烈，甚至演变成**狂笑**这样的行为时，已经丝毫不让人觉得可爱了，反而令人觉得毛骨悚然。

后来，不只在半夜，就连午睡他也会出现狂笑反应。他总是中午在床上躺好后，就开始一直狂笑，我跟妻子都不知道为什么会这样，只是觉得无法忍受。

这样的行为到了深夜，变得更为恐怖。我们夫妻常在熟睡后突然被孩子的笑声吓醒，而且他的笑法非常没有分寸，几乎是用尽全身的力气，不间断地"咯咯咯"狂笑连续半小时甚至一小时。白天，就算他遇到什么开心的事也断不至此，怎么一到夜里，就狂笑不止呢？莫非，真的是**被坏东西煞到了**吗？

我是个凡事讲求科学实证的人，但这样诡异的情况夜夜持续，实在很难不让人往**中邪**的方向去联想。

阿公阿嬷半夜被蔡杰的笑声吵醒，上楼来教训我，有时甚至责骂蔡杰甚至打他一下，但也都没有用，蔡杰只会稍停一下，接着又开始继续狂笑，总要等他自己笑累了才安然睡去。

偶尔我会警告他，轻捏一下他的屁股，可是他还是"咯咯"笑个不停，有时被他半夜这样一笑，我也睡不着了，干脆起来陪他玩或拿东西给他吃，结果意外发现，吃东西的时候可以让他安静一点儿，而且，通常他吃饱后没多久就会睡了。

虽然问题好像解决了，不过我还是没找出他究竟为了什么而笑，未来这种事还有没有可能发生？

一年半以后，随着我对自闭症的了解愈来愈多，加上长时间陪伴蔡杰，对孩子的认识也日深，终于可以为他这个怪异的行为找到合理的解释。

他不是中邪，也不是煞到，而是因为他十分、非常、极度的**单纯**。

一般人，不管是大人或小孩，都不会为了单一的事件执着太久。比方说，听到一个好笑的笑话，当下笑过以后，转过身也就放下了，纵使日后偶然想起，也只会莞尔一笑，绝对不可能"黏"在上面。但自闭儿不同，他可能每天都会想着同一个笑话，就会出声大笑，即便过了一星期甚至一个月，只要忆起还是会大笑不止。

一般人的心思是多元的、复杂的，日常生活中有太多事情要应付、要思考，不可能记住生活中所有的琐事，过了就过了。

而自闭儿却极其**单纯**，往往会针对同一件事情，不管是他喜欢的、讨厌的，都能记忆良久，而且他们表达的方式也是非常直接，丝毫不隐藏内心的喜怒哀乐。

我想起蔡杰小时候，我与妻子常陪他在床上玩游戏，睡前也经常玩得很开心，这个**快乐的回忆**便深深地印在了他的心里，只要他躺在床上，就很容易联想到同样的情境，于是便拿出来大笑一番，而临睡时自我控制的意识更加松懈，也就更没有忌惮。

他在夜半狂笑的那段期间，我们总是纳闷，却一直找不到原因，那是因为我们大人早已失去了单纯的心性，每天都有新的事情发生，谁会念念不忘一件过去发生的事？而复杂的大人们朝超自然的方向解释，完全没想到自闭儿的心性竟是如此单纯，单纯到极致。

这件事情对我有极深远的启示，提醒自己往后在陪伴孩子的成长过程之中，学着放下自己的立场，试着揣摩其心境，就更能理解孩子行为背后的原因。

从另一个角度想，这孩子能够如此单纯地把快乐的事情放在心里咀嚼这么久，也未尝不是一件好事。

好！我会努力跟他一起制造更多快乐的回忆，让他能够深深记在心中，甜蜜回味一辈子。

4. 我们的"一千零一夜"

　　每天的说故事时间，总是充满抗拒、对立与挫折。我坦承，有好几次，内心真的陷入一种人生黑暗的无助感里。

　　每个人都听过阿拉伯"一千零一夜"的故事吧？

　　有一个残暴善妒的国王，因为王后背叛自己，怒而杀之，但国王余恨未消，竟每日娶一少女，隔天清晨便把新娘杀掉。有一个大臣的女儿为拯救无辜女子，自愿嫁给国王，这个聪明的女子每天晚上给国王讲故事，每每讲到最精彩处，天就刚好亮了，国王为了知道故事的后续发展，只好留她性命。就这样，一个故事接着一个故事，讲了一千零一夜，国王终于被感动，并与这个聪慧而又极有耐心的姑娘白首偕老。

　　我跟蔡杰，也有这么一个"一千零一夜"的故事。

　　为了让他得到更好的表达能力，从他六岁到九岁，我为他讲了一千多个晚上的故事，多么盼望这涓涓滴滴的努力能够感动老天爷，换来一个美好的结局。

语言能力一直是蔡杰最弱的地方，为了加强他的认知与构音能力（咬字、发音），每天我都至少会花一到两个小时来陪他练习说话，三年过去，他从完全不会说话慢慢进步到可以简单地对话。

比如说，放学回到家后，我会问他："今天学校点心吃什么？"一开始他听不懂疑问句，答不出来，我会帮他回答："面包。"再让蔡杰跟着我复读几次。

后来才知道，他并不是真正理解问题的意义，只是鹦鹉学舌而已。因为在那之后连续好几天问他："今天学校点心吃什么？"，他都像被制约一样，全都回答我："面包。"但我送他上学时，就已经先打听好今天点心的品种了，知道不是面包时，就再耐心教蔡杰讲出正确的答案：三明治、蛋饼、豆浆……

慢慢地，蔡杰总算能理解问题的意义了，不用我提示也能回答出正确的答案。

你一定很难想象，光是这个简单的对话训练，就整整花了一年。

不只是疑问句让蔡杰一头雾水，因为心智缺陷，自闭儿很难搞清楚"你""我""他"这三个不同人称的正确立场，尤其我为了要引导他，经常得先帮他回答问题，以至于让他更混淆。有时，当我说"我"的时候，他会以为我是在讲他，当我说"你"

的时候，他会以为我在说我，越说越糊涂。

费唇舌用语言解释，只会更纠缠不清，我的方法是：采用不同的音量和语气，让他明白之间的差异性。当我站在自己的立场问他时就用正常的语调，而帮他回答问题时则会加重语气。

这部分，更是教了整整三年，才略见进展。

蔡杰六岁之后，语言治疗师开始要求我们教孩子读故事书，目标是让蔡杰能够复述故事的内容，在班上讲给大家听。

普通六岁大的孩子，一个短故事听上几遍，应该就能复述无碍。但是，蔡杰不是一般的孩子，他连"今天学校点心吃什么？"这么简单的对话都要教一年，讲故事？这可真是桩浩大工程。

我可以预想到这过程会有多艰辛，但为了孩子好，我也只好硬着头皮**撩落去**（豁出去）了。

一般家长帮孩子讲故事，只要悠闲舒服地靠在床边，拿本故事书平铺直叙地讲就好了，最多搭配抑扬顿挫的声调，就已经可以让孩子听得入神。可是，蔡杰的理解力有限，光这样是没有意义的，我必须配合照片、图画等各种道具，甚至还要搭配演出，唱作俱佳满场飞，他才能多懂一点点。

比如说，故事念到"姐姐结婚……"就必须停下来，因为他不懂什么叫结婚，这时候我就得去拿我和妻子的婚纱照给他看，顺便教他"新郎""新娘"的概念。

又例如，故事念到"麦当劳的招牌上……"时又卡住了，为了解释"招牌"，我只好拿出纸来，用黄色笔画一个"M"，再将"M"框起来，我的手绘技巧还不错，但他可能还是不懂，我只好举其他例子说明，甚至干脆带他出门，去看我汽车的牌子，指着车牌告诉他："这个就是车子的'招牌'。"再拿出他学校的围兜兜，上面有一块标牌，写着"六号""蔡杰"，我指着标牌，再跟他说："这就是你在学校的'招牌'。"多举些不同类型的例子，帮助他理解。

诸如此类的"卡住"例子，不胜枚举。有实物对照的还好，有些抽象的概念解释起来更累人。

比如说"奇奇说谎话……"，什么是"说谎话"？这对蔡杰来说实在太玄了。我曾见过一个三岁大的小女孩弄坏玩具被爸妈质问时，已经懂得把责任推给他人，说是哥哥弄坏的，但她心知肚明是自己说了谎。但是，我们家蔡杰心思极其单纯，他只会陈述他说得出来的事实，从来就没说过谎话，怎么教他理解"说谎"的概念呀？

我后来想起，我平时跟他玩一种游戏，他表现不好时，我就会发出"喔！"的声音；他表现很好的时候我就会说"耶！叮咚！"配合故事的剧情，碰到"奇奇说谎话"时，我就加强语气说"喔！"让他知道这是不好的事情；念到"奇奇认错了"，我就说"耶！叮咚！"虽然不精准，但至少让他稍微能够理解一点儿。

一本以图为主的薄薄的故事书，我自己阅读，大概一分钟就看完了，但要让蔡杰理解故事内容，至少需要十小时以上，每天都得花费一两个钟头，陪他一起看，解释给他听，再让他自己念出来。

一般小孩，若有爸妈每天陪伴讲故事，应该会觉得快乐无比吧？但讲故事这件事，一开始就几乎变成我跟蔡杰的梦魇。

对蔡杰而言，一周学会讲一个故事，谈何容易？他很抗拒，经常一听到要"跟爸爸一起念故事"这句话，就哭成泪人儿。

这件任务对我来说又何尝容易？一路走来，在蔡杰的众多学习项目中，最让我痛苦的就是"念故事"这一项。

同样一个故事，一遍又一遍，念了几十次、几百次，诚如那句台湾谚语所说，真的是"有嘴说到无澜"（说得口干舌燥）却丝毫不见成效。一周匆匆过去，到了语言治疗师面前，他还是说不出一个字。

每天的说故事时间，总是充满抗拒、对立与挫折。我承认，有好几次，内心真的陷入一种人生黑暗的无助感里。

但是，我又不能在蔡杰面前表现出负面情绪，那样只会阻碍他学习，他是个复印机般的孩子，会复制大人所有的负面情绪，在他面前，我必须耐着性子，强颜欢笑。

我只能在夜深人静时，打开计算机，把我的委屈、无奈、伤心……一股脑儿全都发泄在文字上，有时候根本已经无力到写不出任何有逻辑的心声，曾经有好几次，我愤怒到在空白的文件上疯狂地写满了粗话。

很不理性吗？但，我真的已经快到了临界点了，如果不这么做，也许我会崩溃吧？

当然，这些负面的言词绝不会出现在我的博客上。当发泄完情绪，我还是会恢复冷静，把那些坏字眼一个字、一个字地清除掉——就像是清除我心中的恼恨与挫折感一样。

日子，还是要继续前进。

无论有多痛苦，只要蔡杰有任何可以进步的机会，我就不会绝望。

我对自己加油喊话：没关系，我们再努力。10 次不行，我们就讲 100 次，100 次不行，我们就讲 1000 次，总有一天，我们一定做得到的，对不对？

我不再刻意强求他一周学会讲一个故事，我只愿这些故事能在他的语言学习之路上留下些许痕迹。

从蔡杰幼儿园大班到小学二年级这期间，我每天晚上不间断地为蔡杰讲故事。同一个故事，我每晚重复讲五次，连续讲一周，累积下来就是 35 次。隔周，我们换一个故事，再重新开始另一个 35 次的**轮回**……

从幼儿园到小学二年级，一天五次，156 周，1000 多个日子，我们一共讲了 5400 多次故事。

虽然蔡杰仍旧无法流利说好一个故事，但我们父子这"一千零一夜"的努力并非徒劳无功。

蔡杰的叙述能力增强了，比如说，他可以用正确的时间顺序来述说他一整天的作息。睡觉前，他常会跟我说"先睡觉""然后起床""等一下就上学了""然后吃饭""等一下刷牙""等一下睡觉""等一下溜滑梯""等一下就下课了""然后爸爸就来了""等一下就去溜冰场""等一下夜市就出来了""等一下就天黑了""然后接妈妈下班""然后回家吃饭""然后写功课"……

虽然跟同龄儿童相比，口语能力还是相差太多，但对蔡杰而言，已经是相当大的进步。

蔡杰将他的作息顺序讲完以后，常会多加一个问句："然后要做什么？"等待大人给他答案。其实，他心里早就有一些偏好的答案，像是去溜冰、骑脚踏车等等他喜欢的事情，他只是期待我说出那个答案而已，他喜欢那种跟爸爸心心相印的感觉。

亲爱的孩子，爸爸会一直陪你成长。**等一下**，你就会做得更好，**然后**，你就乖乖长大了，变成了一个好孩子。

5. 饶了孩子，也饶了自己

我的终极目标，不就是为了让蔡杰幸福快乐吗？脚步稍微放慢一点儿，会影响这个终极目标吗？如果不会，我又何必对孩子苦苦相逼？

放下，并不是一件容易的事，尤其对我这样一个执拗的男人而言，更是不容易。

我从小就是个个性倔强的人，只要我想做的事，我一定不惜任何代价，尽我所能去做。这样的性格像是一把双刃剑，从好的一面来看，那是**执着**、**坚持**，但从不好的一面来看，就是**龟毛**、**完美主义**了。

我虽不会凶孩子，但我想我绝对是个严父，我对蔡杰求好心切，绝对不会因为孩子哭泣而心软"放过"他，我认为**该做的事情**，一定要让他贯彻到底。

妻子因为下班后才有机会跟孩子相处，不太会去勉强孩子，孩子自然觉得跟妈妈在一起比较轻松。

就以"说故事"这件苦差事来说吧。妻子不在旁时，蔡杰心知肚明，他没有别的选择，必须跟爸爸念完故事才能**脱身**，所以他通常会勉为其难，乖乖跟着我把程序走一次。但是只要妻子在旁边，孩子就一定会赖皮哭泣，希望可以"逃过一劫"。

有一次，妻子休假在家，我想让她多睡一会儿，便把孩子带到一旁去练习数学、拼音、球类游戏。后来，我想跟他一起念故事，他一听到"念故事"，情绪就上来了，立刻哭泣，想要引出妈妈来**救**他。

我连忙劝说："妈妈太累了，让妈妈休息，爸爸陪你念。"

蔡杰却不依不饶，语无伦次叨念着："跟爸爸念，就哭了！""会哭哭，会不高兴了！""不高兴，就哭了……"

而且，音量越来越大，最后还是把妻子吵醒了，她起来陪蔡杰读了一次故事，念完以后，我过去问蔡杰："是不是会念了？"

他答："是。"

我说："那等一下再念一次给爸爸听，好不好？"

一听到要念故事给我听，他情绪又上来了，哭哭啼啼，就连妻子在旁哄劝也无效，蔡杰依然不断哭诉着："会不高兴了，会哭哭，会害怕……"

看到这一幕，我也五味杂陈。

唉，只是跟老爸念个故事，就这么难过与讨厌吗？

当父母真的很不容易。对孩子有益的事，多少都有点儿痛苦，孩子总是不愿意配合，但如果放任他，又怕错失早疗良机。

或许是无法放下男人的自尊心，也或许是在我内心深处不愿承认自己的孩子样样比人差，我不太能忍受孩子的进展一直原地踏步，所以，教导他的方式可以说是相当**积极**。

虽然，我不会对孩子咆哮或打骂，但我这种不能打任何折扣的**柔性坚持**，还是让蔡杰叫苦连天。我帮他排出来的训练项目一定要让他贯彻到底，在没有**完成**前，谁来替孩子说情都没用。

当全职爸爸的头几年，我经常不自觉做到走火入魔的地步，总是想"再差一点点就会了""再多做一点点""再进步一点点"……

其实，我内心也明白，这"一点点"对蔡杰来说是多么大的负荷！虽然我常觉得蔡杰很可怜，但我总是无法死心，还是不断用我**柔性的坚持**去逼迫他就范，"再一点点""再一点点"……

而我不放过的又岂止是蔡杰而已？也包括我自己。

孩子痛苦，我又何尝轻松？即使我已经快被挫折感灭顶，却总是心有不甘，着魔似的一直教、一直教……

这种坚持，有好也有坏。好处是，孩子的进步比较明显；而坏处，就是难免会造成我们父子关系的**伤痕**。在教育蔡杰学习以外，我还必须花很多时间重新经营亲子间的感情，修补伤痕。

时间久了，我也不禁自问：我这样做，真的是对的吗？进步与亲情，到底哪个重要？如果蔡杰的快速进步必须赌上我们彼此的父子情分，这值得吗？

有一天下午，我按照惯例陪孩子出门骑脚踏车。蔡杰不经意地回眸对我灿烂一笑，那个表情如此天真、快乐、动人，我心里突然领悟：我必须先放慢脚步，才不会一心"黏"在蔡杰的进步幅度上，才能理解他的努力与难处。

在蔡杰可以叙述较多事情初期，每次他要开口时，表情总是充满紧张，心跳加速，全身颤抖，还会激动地走来走去。我看得出他想表达一些事情，但似乎是怕别人听不懂，所以想自己先练习。

可怜的孩子，我懂这种感觉。

我的口吃让我在成长过程中吃了很多苦头，因为怕别人听不懂或误会，小时候我经常会先想好等一下要说什么话，自己私底下先偷偷小声地反复练习，碰到一些特别容易造成我口吃的音，诸如尾音有"a""an""i""u""e""o"之类的，我就会在心里盘算有没有可以替代的句子，免得我一开口就出糗。

我真的好想帮他，却使不上力，只能好好拥抱他，想让他明白：孩子，爸爸懂你的心，爸爸知道你正在努力。

往后，每当我发现他又开始焦虑地走来走去、自言自语时，我都会靠过去仔细听，听他到底是在说些什么事情。有时听懂了，就会插嘴进去，与他展开对话；有时太小声了，听不清楚，我就会问他："你在说什么？跟爸爸说，好不好？"

无论什么话题，我都会试着跟他聊下去，每一次，他都会给我回应，可见他内心深处还是愿意跟外界沟通的。

因为脑部缺陷，自闭儿常有无法与人眼神交会的毛病，即使我常训练他要看着别人的眼睛，但他似乎还是会有压迫感，视线会不断飘走，焦点停在远处。为了让他能更像正常人，每当他的眼神飘走时，我便会中止说话，以吸引他的目光再次回到我身上，我才继续说下去。

聊天分享是每个人都喜欢的事，就算是自闭儿也渴望表达与对话，只是因为一些障碍，让他们无法跟常人一样，所以自闭儿们常会被称为"星星的孩子"，感觉他们好像活在另一个星球，无法跟地球人对话。

但是在我眼里，蔡杰的心并不是坐落在遥远的星球上，他也想亲近人，只是别人不懂他。

现阶段，或许只有爸爸、妈妈等极少数人能够理解他，但没关系，我们不急，你会慢慢进步的。

6. 生命不是非黑即白的是非题

在他心中，对与错的观念已经建立，只有一套画法是正确的，其他都是错的，于是，他变得不敢下笔，因为他害怕画错。

蔡杰的世界没有**灰色地带**，只有壁垒分明的黑与白。

他心中似乎有一把尺，做任何事情都必须按照一定的规则，他要求**绝对**的正确，只要一点点小失误，就会打乱他原本的节奏。对他来说，“错了”就像世界末日，他不能接受“也可以”“没关系”“差不多”等模棱两可的选项。

即使是大人眼中微不足道的小事，也会一直在他心中重复打转，以致无法做接下来要做的事情。

比如说，一群小朋友排好队伍正在前行中，蔡杰却会突然停下来不走了，导致后面的小朋友撞上来。理由可能只是因为他觉得走路的节奏乱了或踏出去的脚步**错了**，因此必须停下来，重新回到刚刚脚步乱掉的那个地方，再走一次才行。一般人可能会觉得匪夷所思，只是走路的节奏稍微乱了，很严重吗？是的，对蔡杰来说，很严重。

他吃饭很难专心，老是会中断。因为他无法容忍饭粒掉出来，或是把汤汁滴到衣服上。有很长一段时间，他宁可让大人喂，也不要自己执行吃饭的动作，免得发生上述严重的失误。

蔡杰从一岁起，我就开始让他玩积木，但过了五岁，他还是不会玩。因为积木有各式各样的拼法，但他不能接受这样有很多可能性的事。在他的认知中，任何事一定要有标准才行，如果这样拼是对的，那样拼就一定是错的。所以，他只能跟着指令来拼积木，没办法接受随便拼的自由玩法。

他甚至不知道该怎么涂鸦。在他心中，对与错的观念已经建立，只有一套画法是正确的，其他都是错的，于是，他变得不敢下笔，画地为牢，因为他害怕画错。

他有点儿像计算机，只有 0 与 1，输入什么指令，就处理什么事，程序只要错了，就无法执行动作。在教导像蔡杰这样有学习障碍的小孩时，家长施予的教导很有可能刚开始解决了某个问题，但到后来却演变成了另一种困扰。

当初为了要教他写拼音，我在 A4 纸上画好整齐的格子，盖上刻有 "b" "p" "m" "f" 的印章，一张纸盖满了拼音，让他可以用描的方式练习把字写整齐。一开始，当然是写得乱七八糟，但经过一年的练习，他已经可以写得很整齐很漂亮。

我正感到安慰，没想到意料之外的**副作用**发生了。

学校出的功课并不是盖上印章让他照描，而是一个个空白的格子，人又不是机器，当然不可能每个字都写得一模一样。

但已经被**制约**的蔡杰，不能忍受任何一丁点儿的**不完美**，只要不符合他所**习惯**的标准那样漂亮，或是笔迹稍微超过框线，他就会擦掉重写一次。有时候，光是写某一个字就要折腾十分钟，多次反复以后还是没办法写**好**，他就会开始抓狂发飙，拿起笔整篇乱涂，甚至想跟这份作业"同归于尽"，疯狂怒吼并撕毁它。

因为，在他的世界里，任何事物都是二分法，只有"好"和"不好"、"对"与"错"、"是"与"不是"，绝对没有"差不多""尚可""还可以"等其他标准。

我忍不住开始想象，若他这无法转弯的个性不改，以后他碰上段考一定是从第一题开始写，中间绝不会跳答，万一碰到第一题就不会写了，那他肯定就"当机"（"死机"，台湾叫法）在那里，直到考试时间结束。就算老师提醒他"不会写可先跳过"，他也一定无法接受，甚至开始挣扎、崩溃，把整间教室搞的一团混乱，影响到全班同学，那么，学校可能就会讨厌这个孩子，认为他是一个麻烦……

光是想象，我就一阵惴栗。

一个因为些许障碍就无法前进的人生，还有什么希望呢？

我必须未雨绸缪，破除他这种非黑即白的倾向。

　　我设计了一个小游戏，当他又陷入无谓的坚持时，我会告诉他："旧的不要管了，新的就好了。"不过，他的认知能力有限，光靠说他是听不懂的，所以我必须在生活中另外添加快乐的元素，让他熟悉这句"旧的不要管了，新的就好了"。

　　我用他喜欢的巧克力当工具，在拿给他之前故意掉几颗到地上，跟他强调："旧的不要管了，丢垃圾筒，吃新的就好了。"再给他没被脏掉的巧克力。

　　我希望借由这个小游戏，让他渐渐习惯失误，并理解到"失败品可以放弃"的道理，就算是他最喜欢的巧克力，只要脏掉了，就是要丢掉。

　　我刻意用夸张滑稽的语气"太——脏了"予以强调，以增强他的理解力。后来他只要听到"太——脏了"，就会高兴地大笑，欣然同意把掉到地上的巧克力丢掉。然后，我便要求他复述"旧的不要管了，吃新的就好了"这句话。

　　练习很多次之后，当他吃饭又掉饭粒时，他不再像以前那样马上就勃然大怒，而是会自己说："旧的不要管了，吃新的就好了。"

　　之后，当蔡杰写作业时，遇到第一个字写不好，他也平和多了，开始会自嘲"太丑了！"或"太长（短）了！"然后大笑着擦掉，再写一次。

　　可是，一个字擦掉超过三次时，他还是会生气，这时候我就会赶紧问他："旧的怎么样？"他已经受过训练，所以很自然就会说出："旧的不要管了，写新的就好了。"

不过，虽然他嘴巴是这么说，可是心里面还是挂念着那个写不好的字，我观察他又出现紧张、冒汗等挣扎的反应时，就会赶紧用手把这个字盖住，暂时阻截他的视觉，另一只手则强制拉着他的手，引导他看下一个字，嘴里则不断强调："没关系，旧的不要管了，写新的就好了。"

虽然这过程他可能还是会受不了，最后还是崩溃了，但至少我们父子试图不要卡住，要继续前进。整篇写完以后，我会拿饼干给他吃，安抚一下情绪，再滑稽地跟他说："这个太——丑了，擦掉。"他才破涕为笑。

对于可能发生在蔡杰身上的各种副作用，我实在找不出什么可以一劳永逸的方法，只能在障碍出现的时候各个击破。

我没办法对蔡杰开释"山不转路转，路不转人转"这么深奥的道理，但我可以利用他这种非黑即白的特质，借力使力来教导他：生命是有相对较佳选项的选择题，而不是只有一个标准答案的是非题。

当我要求孩子做一些事情时，我会先替他说出不好的事，替他排除掉负面情绪，再补充一件好的事情，他或许就比较可以接受要求。

例如，他生病了要吃药，吃药是件很痛苦的事。以前，总是要一个大人抓着，另一个大人强迫灌药，他会用力挣扎，有时候大人没抓好，药水会喷得全身都是，吃个药弄得像场灾难。

现在，他长大了，能听懂一些简单的语言，我便配合说些"不要……""……就好了"之类的关键句，先问他："蔡杰，要吃药了吗？"当然，开始他一定会抗拒，我赶紧说："不要自己吃。"（自己吃药是不好的），他一听到"不要自己吃"，便比较卸下心防，我再补充一句"爸爸陪你吃就好了"或是"不要用大支的（喂药器），自己喝就好了"。

对心思单纯的蔡杰来说，"不要……""……就好了"这种关键句制造出了让他选择的机会，第一句"不要……"先帮他说出他内心的抗拒，然后接下来再给他"……就好了"这个更好的选项，他就比较容易接受。

很奇妙，居然成功了，从此他吃药就不再疯狂挣扎了。

同样的诀窍也可以应用在运动上。溜直排轮时，当他看见场地上有其他人出现，由于害怕、恐惧别人撞到他，就僵住不敢动。这时我会说："不要往前溜了。"先解除他紧绷的情绪，接下来，我会补充："往后溜就好了。"他就会接受，开始溜了。如果无效，我会再继续补充："不要前进溜了，绕一圈就好了。"或是"不要前进溜了，溜斜坡道就好了""不要前进溜了，溜U型坡道就好了""不要从这边溜了，从那边溜了"等，直到他选择其中一项为止。

打球也是一样，"不要玩乒乓球了，玩篮球就好了""不要玩小颗的，玩大颗的就好了""不要硬硬的球了，玩软软的球就好了"……

其实，这些只是说法变化而已，结局都是要引导他**继续前进**，不要停滞。

上面这些话根本无法**骗过**正常的孩子，他们很容易就揭穿了这类话术，"最后还不是要我动起来？"但蔡杰还搞不清楚事物的因果关系，他会觉得**那是有选择的**，这样就够了，至少我达到了目的，让他学会了**继续前进**的生活观。

如果他长大后，渐渐聪明到可以破解我的话术时，那也很好，表示他的认知能力有了进步；如果他又"卡住"了，那也没关系，兵来将挡，水来土掩，老爸一定会想到另外的办法的！

人生只要向前看就好了

蔡杰五岁时，有一次我帮他剪头发，他不知想到什么，突然大笑起来，头突然往上抬了一下，我反应不及，理发器已经顺势推了上去，结果，后脑勺秃了一块。

呃，我愣了几秒钟。转念一想，蔡杰有个好处，就是对自己的美丑无感，一点儿也不会怕丢脸，应该……没关系吧？

而且，这也不是第一次剪坏了。从蔡杰出生，我就帮他剪头发剪到这么大。男生平均一个月要剪两次头发，一年就要剪24次头发，五年下来已经剪了120次，尽管我的经验如此丰富，却也不是每次都能顺利成功，有时候他抓狂起来不配合时，剪头发要花一两个小时，孩子动来动去，这边缺一角、那边秃一块的情况倒也不是没发生过。

不过，这一次的秃发是稍微明显了一点儿，为了将那块秃发处修饰得比较自然一点儿，我只好把他头发整体剪得更短，但蔡杰显然不以为意，还是很高兴地一边唱歌一边让我剪。

完成后，蔡杰几乎快变成一个小和尚。隔天，孩子放学后，我去接他下课，孩子看起来毫不介意，倒是我有一点耿耿于怀，怕孩子被人笑。出校门时碰到隔壁班老师，她热心地和蔡杰交谈：

"你昨天有剪头发啊？"

"有。"

"是谁帮你剪的？"

"爸爸。"

"你看老师头发也很长，带老师去剪，好不好？"

"不要！"

"为什么不要？"

"会……"表达能力有限的蔡杰，完全说不上原因。

老师发现他后面秃了一块，问我："怎么会这样？"我苦笑，比手势说明了一下，老师很开朗地笑着说："没关系！我们都只有看前面，这样很可爱！"

离开后，我的心情好了起来。

人生也是一样，背后有一点儿损伤、瑕疵，那都不算什么，我们只要看前面就好了，不是吗？

7. 不再轻易离开你

我爱他。而且，我知道，他也爱我。尽管他的爱跟正常人的
表达方式不太一样，但我知道，他爱我。

《马拉松小子》是一部根据真人真事改编的韩国电影，讲
述一位自闭症儿尹楚原的成长历程。

因为我自己有一个自闭症的孩子，观看此片时，特别有感
触。

影片以母子互动的困境开场。妈妈牵着小楚原回家，中途
遇到道路施工，但楚原却完全无法变通，大哭大闹，无论如何
非走这条路不可。

我们家蔡杰也是这样。我每次带孩子到医院做治疗，都走
一样的路线，有一次某条道路正在施工无法通行，必须绕路而
行，车子还在高速行驶中，孩子却突然在车上抓狂了，面对这

样的突发状况，我只能紧紧抓住他，安抚他的情绪，防止他冲下车。

医院有两个停车场，一个是露天的，另一个则在地下室，我习惯把车停在露天停车场。有一次露天停车场停满了，我找不到位子，不得已只好将车停到地下室。同样的，孩子又莫名其妙抓狂了，这次他直接冲下车，一直大吼大叫，还四处乱窜，让人为之傻眼。

对其他观影者来说，《马拉松小子》里的那些描述只是电影剧情，但是对我来说，却是经常都会上演的真实情境。

片中，楚原与妈妈的日常生活充满了情绪撕裂，无论是吃饭、教语言，都困难重重，就算妈妈把楚原拉到滂沱大雨之中，声嘶力竭地逼他说话：“雨！这就是雨！跟妈妈说‘下雨了’！”他却仍无动于衷。

有一次，妈妈带楚原去动物园，他一直想挣脱妈妈的手，心力交瘁的母亲绝望地放开楚原的手，让他走失在人潮拥挤的动物园中。

但骨肉至亲，母亲终究舍不下楚原，在日暮的雨中疯狂寻找，最后，在斑马栏旁找到了蹲在地上呆滞地玩着水洼的楚原。妈妈搂紧了楚原哭着说：“我们要永远在一起，除非我们死了！”

看到这一幕，我心都碎了。

这样的事情，也曾在我跟蔡杰之间发生过。

蔡杰五岁半的某一个夏日上午，趁着等候妻子的空档，我开车带他到附近的公园玩，天气相当炎热，公园里只有蔡杰和我两个人。

我担心蔡杰会被太阳晒伤，就把他叫到有树荫的桌子下，拿出作业纸让他写九九乘法表，但他只写了几个字，就开始摔笔生气。这时候，一阵风吹来，作业纸被吹走了，我对他说："那就不要写了。"

丢下这句话后，我就离开现场，头也不回地上了车。我很希望孩子可以学会**察言观色**，于是，这一刻起，我再也没有开口说任何一句话了，我希望他可以从一些非语言的讯息（如：爸爸拂袖而去）中，解读出"爸爸生气了"，然后主动来跟爸爸妥协。

我以为他会跟过来，但是五分钟过去了，他没有过来。

我忍不住去偷看一下，蔡杰到底是在做什么，为什么不来找爸爸呢？

他什么事也没做，只是坐在椅子上发呆，我的火气忍不住冒上来，心想："为什么爸爸要离开了，你却没有感觉？"

我故意发动引擎，移动到离原本停车处稍微远一点儿的地方，心想，爸爸真的要走了，这下你总应该着急了吧？结果，他听到引擎声后，站起来看了一下，又坐了回去。

我在车上等了十分钟，他还是没过来，我开始觉得很难过。连一岁小孩只要发现父母离开了自己的视线，就会开始慌张焦虑，哭着找爸妈。蔡杰啊蔡杰，你怎么连"哭着找爸妈"这件事都不会呢？你心里是否有爸爸？

我又把车子开到离他很近的地方，想再给他一次机会，希望他能主动过来找我。他也注意到了，站起来张望了几次，不过，他仍旧没有过来。

他的漠然反应让我心如刀割，"为什么你不过来找爸爸？爸爸对你而言那么不重要吗？你真的不在乎爸爸吗？"那一刻，我甚至有一种怨怼："这孩子怎么如此冷血无情？"

好吧，既然你不要爸爸，那爸爸干脆离开好了！我真的发动汽车慢慢驶离停车场，心中暗暗期盼蔡杰会因此感到紧张、惶恐，赶紧大叫一声"爸爸！"并且跑过来追我。

我的期待落空了，他只是站起来看了一下，又坐了回去。

我已经分不清自己是愤怒还是伤心，但我还是不死心。我在公园外买了一杯饮料，五分钟后，我开车绕行到蔡杰位置的不远处，期待他已经跑出公园外面找我了。

结果，蔡杰还是跟一尊雕像一样，坐在原来的地方。我朝他走过去，他看到我带着他最爱喝的饮料，微微露出一点点开心的表情，我走到离他还有几公尺的距离便停步，与他面对面，就算不为爸爸，你也该为这杯饮料走过来吧？

可是，蔡杰还是不动。

我心中呐喊："我是你爸爸，走过来找我就那么困难吗？"

我把饮料搁在离他不远处，驱车离开了，15 分钟后才折返。在我离开他的那 15 分钟里，有一刹那，我甚至心灰意冷地想：

每天朝夕相处，你却仍把爸爸当陌生人，就算你被别人抱走，我也不管了！

但是，这只是一时怒令智昏，我的心始终悬在他身上。回到公园以后，我小心翼翼地偷偷观察他，结果，他还是木头人般地坐在那张椅子上，我买的那杯饮料竟然原封不动。

我趋前拿起饮料，刻意用力摇晃，发出冰块碰撞的声音，他转头看了几眼，但整整迟疑了三分钟才终于起身走了过来。

此时，我突然想测试一下：到底是饮料重要？还是爸爸重要？

我把饮料放在原地，起身走回车上，想知道他会跟着我走，还是走过去拿饮料。经过一上午的折腾，我心里其实已经完全失去自信了，我猜他应该是会选择饮料吧？

结果，蔡杰在我和饮料之间站了半分钟，做出的决定让我大感诧异。

他没有选爸爸，也没有选饮料，他又退回到原来的椅子旁坐下。

天啊！这孩子是怎么了？

我走回搁置饮料的地方，拿起饮料用力摇，想吸引他再走过来一次，可是，冰块已经全部融化了，摇不出声音了。于是我故意说："饮料快喝完喽。"我以为他听到这句话会立刻冲过来，但是他的行为却再度让我大吃一惊。

他没立刻过来，而是突然捡起刚刚被他摔在地上的铅笔以及那张被吹散的作业纸，坐回椅子，然后写起了九九乘法表……

原来他一直只记得"要听爸爸的话""爸爸要我写作业"。

我看到这一幕也傻了，泪水夺眶而出。傻孩子，你就赶快过来喝嘛！还管什么九九乘法表？你为什么要这么呆、这么听话、这么使命必达呢？

他摔笔，是因为他的意愿是**不想写**，但他那可怜僵固的小脑袋里早就认定**应该服从爸爸下的第一个指令**，无论发生了什么事，他都应该写完九九乘法表。

过了几分钟，他的九九乘法表终于写好了，这才慢慢地走过来拿给我检查。我心痛到了极点，但是我还是必须忍住情绪，配合着帮他检查完这张九九乘法表，他才安心地开始喝那杯冰块早已融化的饮料。

我的内心其实有种深刻的忧惧：我怕我的亲生儿子对我没有依恋。

"九九乘法表事件"过去八个月后，我们又到了公园，我故意躲在一个我看得到他、他却看不到我的位置，起初几分钟，蔡杰还是一如往常地发呆，后来，他总算察觉到**爸爸不见了**，开始东张西望。

我紧张地站在原地不动，希望他可以找到我。

10分钟过去了，我多么期盼他可以哭出来，就跟那些找不到妈妈的小娃娃一样，想要赶紧回到深爱的母亲身边，只要他这么做，那我一定会冲过去紧紧抱住他！

不过，他并没有这样做，他始终面无表情，偶尔发呆一下，偶尔走一下。我静静地观察他，心中好担心，他会不会不找了呢？20分钟过去，他终于找到我了，我激动万分。

一般的孩子十分依恋父母，只要学会走路就会主动找爸妈吧？我整整多等了五年，终于等到蔡杰找爸爸的这一天，我怎么能不激动？

对蔡杰来说，我已经不是陌生人了，我是他想要寻找、依赖的**爸爸**！

在《马拉松小子》这部影片中，对斑马情有独钟的主角楚原长大后，有一次在地铁上忍不住摸了一个女子的斑马背包，被她男友痛殴，母亲赶来保护孩子。之后，母子俩坐在椅子上，楚原对妈妈叨念着："你把楚原丢了，你把楚原丢了。在动物园里，你把楚原丢了。"

那已经是十几年前的事情了，原来，那个面无表情在玩水洼的男孩并非真的无感，他一直深深记得那个母亲松手的午后……

看到这一段，我心中忍不住涌现一股对蔡杰的歉疚，对不起！爸爸也曾经这样对待过你……

为什么我当初要这么走火入魔呢？为什么我竟真的放下他呢？如果在那情绪风暴的15分钟里他真的被别人抱走，我该怎么办？

跟蔡杰相处久以后，我慢慢了解到，自闭儿的表达方式相当奇特，但那不代表他们冷漠无情。我慢慢摸索出跟他的相处之道，努力去理解他不能表达出来的**弦外之音**。

如今，我们已经不需要在大庭广众下表演"失而复得"的亲情伦理悲剧，我也不必像过去那样，单相思似地不断猜测自己在孩子心目中的分量。

我爱他。而且，我知道，他也爱我。尽管他的爱跟正常人的表达方式不太一样，但我知道，他爱我。

我们父子经常一起出门骑脚踏车，通常都是他骑前，我在后。当他忘记要调控自己的速度配合我时，我就会停住，等他意识到"哎！爸爸呢？"就会往回骑，过来找我，他找到我第一句话从不是"找到爸爸了"，而是"你骑太快了"。（他的语法比较混乱，其实他想说的是"我骑太快了"。）

然后，我们父子相视一笑，一起骑回家。

你骑太快也好，我骑太慢也罢，没关系，只要调整一下，我们就能肩并肩，心连心。

8. 数出孩子的成功经历

蔡杰对于**数数**这件事是感到安心的，那意味着：痛苦是有尽头的，在数数结束后，他就成功超越了那件讨厌的事。

要勉强一般孩子去做他们不喜欢做的事情都得花一些力气，更何况是要自闭儿去面对他们讨厌的事？

蔡杰非常讨厌洗头发跟剪指甲，每次都会发狂抗拒，为了让他克服这两件事，着实让我煞费苦心。

在当全职爸爸这几年，我常去上自闭儿相关的研习课程，许多讲师都建议利用**社会故事**来教学。什么是**社会故事**？简单说，有点儿像是看图说故事，因为要对自闭儿用语言来解释，经常是对牛弹琴、鸡同鸭讲，孩子有听没有懂，所以必须用图像辅助，增加孩子的理解。

虽然有点儿麻烦，但经我多年的实践，效果还不错，所以我经常这样做。

举例说明：为了引导孩子吃饭前养成洗手的习惯，我会简单地画一张图，贴在墙壁，每天指着图片跟他解释。1. 吃饭不洗手→手会脏脏→吃后肚子会痛痛（会生病）→要去医院→打针。2. 饭前洗手→乖乖拿肥皂洗手→手很干净→不用去医院打针→很开心，笑眯眯。

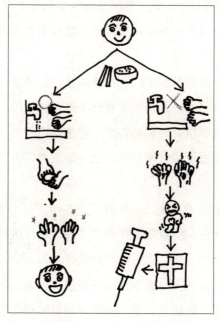

为了引导孩子养成饭前洗手的习惯，我会画一张图，每天指着图片跟他解释。

蔡杰对于到医院打针这件事是极其恐惧厌恶的，这是他的**要害**，反应强度最大，为了避免这个**最痛苦**的结果，他就会乖乖选择忍耐去做**次要痛苦**的事情，如剪指甲、洗头发。

当然，除了用**社会故事**跟他讲道理，我也会利用奖励（例如出门骑脚踏车，玩汽车，喝饮料……）作为诱因，每次只要他达到目标，就算是边哭边完成，最后还是能得到奖励，久而久之，让他渐渐学会忍耐，不再那么抗拒**讨厌**的事了。

或许会有读者好奇，当蔡杰真的生病了必须到医院打针时，那又该怎么办？难道还能找出比打针更具刺激强度的事情吗？

的确，不是所有棘手问题都能用**社会故事**解决，所以，在训练过程中，我们必须慢慢培养孩子的**弹性思维**。不要把话说死，不要什么事情都有**标准答案**，避免让自闭儿陷入非黑即白的思维，才能逐渐将自闭儿拉出让一般人难以忍受的**超完美主义**状态。

我的其中一种方法是：数数。

很多家长也会用**数数**来控制孩子行为，先威胁孩子"我数到多少，你就要……"之后便开始数"1、2、3……"，我以前也是这样，但现在我尽量不做这种事情，因为这样只会让自闭儿感到更焦虑，而且会让孩子把事情跟负面感受做错误联想。

我的**数数**方法不是为孩子订出一个**压迫的**期限，而是通过数数订出一个**忍受的目标**，拉长孩子对讨厌事物的思维弹性。

例如，蔡杰害怕剪指甲，我会跟孩子说："每一只手指头，剪三下。"然后我剪第一下，就开始数"1"，剪第二下，就数"2"，因为孩子有了目标，他就会比较安心，愿意配合。训练到后来，有时候我会故意剪两下就停下，反而他自己会很急，手指头赶快伸过来，要求我快剪第三下。

我通常会故意拖延时间，目的是要逼他多说话，因为这可是自闭儿非常难得的**主动行为**，把握时机就可以多刺激孩子说出更多语言。

再以洗头发为例，水从上面冲下来，我会跟孩子说："数到 5 秒，1——2——3——4——5——"数完以后，就真的终止那一件让他讨厌的事，他熬过来就是一次**成功的经历**。

我依照孩子的忍受程度决定这"5 秒"有多长，孩子一开始对水深恶痛绝，最初训练的"5 秒"，实际上大概只有一两秒，随着练习次数增加，后来的"5 秒"可能实际上已经过了 10 秒。孩子单纯，不会意识到爸爸读秒长度怎么这么久，不知不觉中，对讨厌事物的弹性跟忍受度就增加了。

有时孩子因故哭闹不止，我也会用这一招，先跟孩子说："嘴巴闭起来，爸爸数到 30 秒。"一开始他当然做不到，只要抓狂起来什么都听不进去，但后来便慢慢可以了，因为我无论处于何种处境，都**表演**心平气和的态度给他看，看几百次、几千次以后，我就不相信他学不起来，这就是身教、言教的影响力，即使再怎么严重的自闭儿都可以被感化。

训练到后来，他听到我这样的指令也都会听话了，真的会把嘴巴闭起来，听着我慢慢数"1、2、3、4、5、6、7……28、29、30"。我可能会故意数得很慢很慢，所以这"30秒"实际时间可能已经过了几分钟了。

一旦蔡杰学会了**忍耐**，心情就能冷静缓和下来，不会"黏在"先前激烈亢奋的情绪里一直吵闹下去，如此一来，后续问题就会比较好解决了。

因为日常生活中经常这样训练，蔡杰对于数数这件事是感到安心的，那意味着：痛苦是有尽头的，在数数结束后，他就成功超越了那件讨厌的事。

后来，就算他真的遇上打针这么恐怖的事情，也能通过数数熬过去。

我对孩子说："眼睛、嘴巴闭起来，爸爸数到20秒。"蔡杰就会依照我的指示去做，为了配合护士的动作，我可能会数得非常慢，"1——2——3——4——5——"，即使是针头扎下去的那一刹那，孩子也没有出现过激的反应，没有尖叫，没有哭嚎，没有无影脚、铁砂掌、手来脚去，多么令人欣慰！我的"数数催眠"成功了！

当然，我必须承认，这并不是第一次就能成功的，但至少在蔡杰六岁以后，就能顺利克服他最恐惧的打针了。

自闭儿因为要接受早疗，成长过程比一般孩子还要辛苦很多。动不动就要被指挥、被训练、被要求。学不会就得再来一次，还学不会，再来一次……没完没了，永无止境。

这些孩子的生活中，每天总是堆积着无数挫折，自然会比一般孩子更有抗拒心。

试想，每当你说一句话做一件事，就被纠正一次，而且还要求你不断重复练习，日子久了，你痛不痛苦？会不会抗拒？

但话又说回来，自闭儿若不这样反复练习，根本就学不起来。多年来，我一直在摸索两全其美之道，拿捏教育的力度与分寸，我发觉协助孩子创造**成功经历**真的很重要，让孩子慢慢明白，无论多讨厌的事都是可以克服的。

自闭儿不比一般的孩子，要领悟这个道理得经过漫长的过程，但是，他们终究学得会的。

孩子，我要让你相信，所有的苦难或考验都是有**终点**的，不用怕，一定能走得过去的。

✉ 蔡杰爸的一封信（2）

亲爱的老师：

您大概很难将蔡杰现在的可爱模样跟我书中所叙述的魔鬼般的模样联想在一起吧？

一般孩子哭闹时总有个极限，都会自动停止。但您相信吗？蔡杰不高兴的时候，可以连哭四个小时都不会停止。

之前的治疗师就曾领教过。蔡杰三岁多时，有一次，只是因为我把车停在他不熟悉的地方，蔡杰就无法接受，一路哭闹，从地下停车场一路哭到语言治疗室。30分钟过去了，还是哭闹不止，甚至在地上打滚，根本无法上课。

长期以来，我一直在记录如何和蔡杰相处，从而不断修正我的教育方式。我教育他，他也在教育我。

不过，到目前为止，蔡杰面对所有碰过的老师仍然没有主动性的行为，还是需仰赖指导者来下指令。

我能感觉到他比较喜欢现在这所新学校，以前上学时，他总是拖拖拉拉，现在则变得很积极。不过，当他走进教室，东西放好后，就只会坐在自己的座位安静等待老师的指示，无法跟一般孩子一样跑来跑去，去拿玩具玩或是找老师、同学聊天。

他在校园生活中还没出现太大的困难，小朋友都很喜欢他。他的障碍同时也是他的优点，因为蔡杰不会攻击、捉弄别人，也不会计较、臭美、炫耀、打架、吵架或嘲笑别人，小朋友都会主动去找他玩，学校老师们也会特别照顾他。我觉得蔡杰很幸运，能在这样的班级就读。

蔡杰会做出主动性的行为，就必须要有强烈的动机。例如：

他想玩遥控汽车，可是没电了，他就会说"没有电了"，然后找我协助。

他想要上厕所，会主动说"我要嗯嗯"。

他身体有异状，会主动说"牙齿痛痛的""肚子痛痛的""脚脚痛痛的"。

他看到有兴趣的东西，如铁门、围篱、斑马线，也会主动说"那边的铁门等一下就关起来了""长庚医院的围篱打开了""斑马线坏掉了，等一下就盖起来（修复）了"……。

其实他对人也有兴趣，只不过都是放马后炮，都是等人家离开后才会讲"叔叔不见了""小朋友回家吃饭了""妹妹不见了"……

祈求老师的协助能引发他更多主动性的行为。

（蔡杰爸）蔡昭伟

第三章

孩子，我们一起向前行

若不了解孩子练习的痛苦，就说孩子不够努力，这样对孩子是不公平的……再难教的孩子，只要肯下功夫慢慢调教，一定会有所进步，所以，为人父母者，千万不要轻易放弃你的小孩。

1. 你眼中有我

他眼里总算有了我这个老爸，这真是太美好的一件事了！

2. 遇水则哭的男孩

他都跟无尾熊一样紧紧黏在我的身上。

3. 学着放手

我是他的唯一，他也是我的唯一。

4. 彩绘幸福

当初的挫折、苦难就像是化了妆的祝福。

5. 驯兽师老爸与犬子的秘密基地

我们会在这里一起完成更多不可能的任务！

6. 一千个小时的耐心

为人父母者千万不要轻易放弃你的宝贝小孩。

7. 不可能的任务，我们做到了

他很快乐。这是最重要的目标。

8. 掌声响起来

你听到了吧？那些热情的欢呼是专属于你的，你是全班的英雄。

蔡杰爸的一封信（3）

1. 你眼中有我

在他那可爱、讨人喜欢的外表下，仿佛有一个被囚禁的灵魂，纵使亲近如我，也不能窥其全貌。

凝视，不管是看着人或者是看着镜头，对于绝大部分的人来说是不必教的**本能**，就像呼吸一样简单。

但是，这对自闭儿来说，却是很难的一件事。

蔡杰就是这样。跟他说话，他并不会看着你，他眼神的焦点总是落在不知名的远方，仿佛心思不知飘散到哪儿去了。

有好长一段时间，不管你如何吸引他的注意力，他连看都不看你一眼。我是当爸爸的，很了解孩子的状况，但其他人并不明白，若长此以往，蔡杰在面对他未来的人生时，势必会遭受许多不必要的误解。

不要说是外人，即使我已经当爸爸很多年了，但我仍觉得自己像个新手爸爸，必须不断摸索、学习。

在他那可爱、讨人喜欢的外表下，仿佛有一个被囚禁的灵魂，纵使亲近如我，也不能窥其全貌。

如果亲近如我都无法和孩子沟通，那么当他进入学校的团体生活时，他和同学、师长间的互动又会如何呢？这样的他，能从中学习到什么吗？如果他和师生的互动形同陌路，我又凭什么要求老师多关心、教导我的孩子？

我必须趁着孩子还在自己羽翼下的时候，先让他学会与人**眼神交会**的能力。

在蔡杰的早疗过程中，我之所以决定自己全职来教，是因为我深信，真正有效的治疗不能只局限在课堂，或花钱请别人来教，然后等着验收成果，而是应该彻底融入孩子每天的生活，让他自然而然被潜移默化。

而且，有效的治疗不能只是理论派，更不能只是枯燥乏味的例行课程，否则一定不会长久。我在为蔡杰设计各种治疗活动时设定了三大条件：

第一，一定要**好玩**，而且还要**耐玩**，不易丧失兴趣。

第二，这活动必须要有助于刺激大脑。

第三，这个活动亟须孩子高度的专注力，不能随便分心。

只要孩子专注力能够提升，视线就不会空洞乱飘，久而久之，与人互动的能力以及学习质量自然就会改善。

符合以上条件的活动就是——运动！

　　不过，也并非所有运动都适合蔡杰，我尝试过慢跑或跳绳之类的运动，可是他常常跑一下、跳一下就停止了，无法持续，即使是运动中，我也感受不到他有多大的反应。而对于需要团队合作技巧的球类竞赛我也努力过，可是效果不彰，在团体游戏中，蔡杰始终像个木头人，没有反应。

　　尝试各项运动后，我发现需要保持**平衡**的运动是比较适合蔡杰的，例如直排轮、滑板、脚踏车、独轮车，这类运动的特点是只要一分心马上就会受伤，正因为这样的特性，孩子才会设法让自己维持极高的专注力。游泳也是相同的道理，如果不积极动起来，那么就会被水呛到，甚至沉下去，我希望借由这些不得不专注、有连续性的运动训练，可以将孩子的本能反应激发出来，这样他对世界才会有感觉，才有办法学习各项事物。

　　我积极地让孩子学习各项运动的理由还有一点，那就是人际关系。

　　蔡杰小的时候，我常带他去附近的公园玩。其他的孩子纵使互不认识，也很快就能玩到一起，去溜滑梯、荡秋千，可是，蔡杰根本不想搭理任何人，就算有孩子靠近他，他也视若无睹，把他们当空气，更不要说跟他们一起玩那些游乐设施了！他只喜欢自顾自地走到水沟旁，捡拾地上的小石子，一颗颗丢进水沟格栅里。

　　在那些孩子心目中，我家蔡杰大概是一个不折不扣的怪咖吧？

做父母的总是担心特别多，这样下去，他长大后一定会有人际困扰，万一他就这样孤独终老一生，不是太可怜了吗？

回忆自己童年的成长过程，由于讲话结结巴巴，我在团体生活中遭遇过许多挫败，为了可以交到朋友，我的学习态度总是比人家积极、努力，我相信只要人家看到你某方面能力强，自然就会主动靠近你，和你做朋友。

尤其男孩子又是一种很妙的生物，他们的**社交**不见得需要很多言语，很多男生对体能有种莫名的崇拜，只要你体能够好，跑步跑得快、单杠拉得帅、球类打得好，就容易获得同辈关注。

因此，我在求学阶段，积极自我锻炼体能。男孩子喜欢比腕力，我是左撇子，左手腕力可是比遍班上无敌手，从没输过，因而奠定了我的"地位"。此外，我也很喜欢打球，常常担任班上的体育委员，由于我的口语表达能力不佳，也不是那种会主动呼朋唤友的人，但我身边还是不乏想要跟我"同一国"的朋友。

我常想，幸好我有运动这个强项，不然在有口难言、备受误解还惨遭冷落的情况下，人格恐怕会相当扭曲。

虽然我不善言辞，但只要我愿意听别人说话，又能够跟大家一起活动，朋友还是会自然增加。朋友，是生命中珍贵的资产，我也希望蔡杰能够拥有许多喜欢他、愿意跟他在一起的同伴，这也是我让他学运动的重要原因。

就跟普天之下的父母一样，我也很**贪心**，恨不能将世界上所有美好的特质都送给自己的孩子，除了希望通过运动改善蔡杰的专注力与学习质量，帮助他获得友谊，也盼望能从中培养蔡杰的抗压性，提升他的自信心。

我为蔡杰安排的这些运动都是有**难度**的。一开始，一定会经历许多困难。我认为，孩子不能像温室里的花朵，经不起风吹雨打，就算是自闭儿，也不能把他保护得密不透风。让他去学习一些具有挑战性的活动，体会挫折与失败所带来的历练与茁壮，这是必须的。

跟我预料的一样，不管学什么运动，一开始都非**常不顺遂**，让我们父子都很痛苦。不过，就跟学说话、学写字一样，山重水复疑无路，柳暗花明又一村，再怎么痛苦我们都熬过来了。

从拉锯、对峙、抗拒，到慢慢渐入佳境，如今的蔡杰已经是个小小体育健将，他比我更热爱运动，更能享受运动带给他的快乐。

每当他潇洒地骑着独轮车灵活悠游于窄窄的墙垣时，总能引起路人一阵惊叹，让我心里好骄傲，谁说我的孩子一无是处？你瞧，他不是挺行的吗？

而且，或许是因为运动带来的**前庭刺激**[①]，在蔡杰学会大斜坡溜直排轮以后，语言能力有了很大的进步，开始能大量说话，让我又惊又喜。

---

① 前庭是内耳的平衡器官。前庭系统主管身体平衡，更负责身体和脑部的多处联系，同时接收从肌肉、视觉和听力等接收器传来的神经讯息。

哦，对了，他终于也学会凝视了。

以前，蔡杰最讨厌拍照，根本不愿意（或没办法）看镜头，但现在，他不仅可以克服眼睛对焦的问题，而且渐渐喜欢上拍照，甚至可以在镜头前摆出最帅气的模样！

当我们父子对话谈心时，他眼里总算有了我这个老爸，这真是太美好的一件事了！

2. 遇水则哭的男孩

如果我们不帮助孩子克服恐惧，那他永远也不会进步，难道
要让他一路怕水怕到大，一把年纪还视洗澡为畏途吗？

蔡杰曾经是一个遇水则哭的孩子。

他有很严重的触觉敏感问题，即使是一滴水也能引起他滔
天情绪。打从他出生以来，每天洗澡就像是一场战争，从来没
有一天可以乖乖配合。

我查阅了许多教育类书籍，提到如果孩子讨厌洗澡、洗头，
不妨带孩子去玩水、游泳，等他喜欢玩水后就不会害怕洗澡和
洗头了。

所以，等到蔡杰学会走路，大约是一岁半左右，我就带他
去游泳池，展开"不怕水"特别训练。

记得第一次带他进游泳池，那天是 2004 年 6 月 7 日。特

训一天，宛如一场灾难。

蔡杰光是看到水就哭得声嘶力竭，更不要提**自愿**下水了。

对于他的反应，我一点儿也不意外。这跟他在家里洗澡的状况如出一辙，还没开始洗，只是听到浴室水声他就崩溃了。不要说是洗澡，就是日常生活中不小心被滴到一滴水，他也会当场发狂，更何况是突然看到这一大片"汪洋"？当然更不能接受！

但既然都来了，岂能无功而返。我抱着他，嘴上不断柔声安慰鼓励，再慢慢下到水里。但无论我动作、言语如何缓和，他还是惊恐万分，从头到尾都大声哭闹，直到离开游泳池才停止。

你以为只要多来几次，情况就会好转吗？错！

第二次、第三次……之后的情况，不但未见改善，反而越发恶劣。他已经知道这里是个"恐怖的地方"了，让他下水简直就跟要他的命一样！

当时，我还不知道孩子是自闭症，只是纳闷，为什么别人的小孩都可以开开心心玩水，而我的孩子却怕水怕成这副德行？

有时，妻子与阿嬷会跟我一起来，当阿嬷目睹孙子在游泳池里凄厉哭嚎的惨状时，非常不悦地下令："以后不要再带孩子到游泳池了！"

不只阿嬷，阿公也持反对意见，经常叨念着："游泳池的水很脏，会有细菌，会得传染病，要游泳你自己去就好了，不

许带孩子去！"

但我的想法却跟双亲不同。一个身体健康的孩子，免疫系统应该可以抵御泳池的细菌。如果我们不帮助孩子克服恐惧，那他永远也不会进步，难道要让他一路怕水怕到大，一把年纪还视洗澡为畏途吗？

为了孩子学游泳的事，我跟父母时有龃龉，经常吵得不可开交。为了避免无谓的争端，我后来干脆刻意隐瞒父母，偷偷摸摸带孩子去游泳，免得大家又伤和气。

其实，带蔡杰到游泳池可一点儿也不轻松。

他怕水怕到了极点，每一次都哭得惊天动地、引人侧目，不但引起救生员关切，还经常挨周遭泳客白眼。

很多阿伯阿婶不明就里，还以为我在虐待小孩。含蓄一点儿的人，脸色不豫，指指点点；不含蓄的人，则怒目相向，直接开骂："是安怎让团仔嚎甲这呢惨？你安怎做老爸的？"（为什么让孩子哭的那么惨？你是怎么当老爸的？）"团仔惊水，你搁带来游泳？"（小孩怕水，你还带来游泳？）"你安呢甘不是在苦毒团仔？"（你这样不是在虐待小孩吗？）

我是个自尊心强的人，被人当众责问岂会不难堪？但我也不愿意如此啊！不来，我的压力还比较小，可为了孩子好，我只好装聋作哑，把这些委屈都往肚里吞。

随着带蔡杰进游泳池的次数增多，孩子可能也终于**觉悟**，不管他怎么哭怎么闹，我就是吃了秤砣铁了心，渐渐地他变得比较收敛，对于接触水池也比较习惯，哭闹的次数才慢慢减少。

不过，在这个阶段他只是勉强可以接受**安静待在水里**的感觉，如果稍微移动，或是旁边有孩子戏水泼到他（一开始我们是在儿童池），他就会故态复发。但我们是来学游泳的，不是来泡澡的，怎么可能一直在水里泡着不动？而且，游泳池是公共场所，也不能为了你一人就扫别的孩子的兴呀。

刚开始我都小心翼翼，只敢慢慢移动，让他适应水，同时我还得眼观四面、耳听八方，遇到小朋友泼水玩耍，就必须帮孩子挡水，挡到了就没事，没挡到，他又是一阵尖叫嘶吼，弄得大家都很尴尬。

为了把我们对他人的干扰降到最低，我只好尽可能挑冷门时段带小孩来。经过一段时间，他进步到只要水花不溅到他的脸就不会尖叫了，虽然距离**学会游泳**还有相当遥远的路，但至少泳池不再像个地狱了。

蔡杰三岁前都在儿童池活动，脚可以踩到底，比较有安全感。

可是，在儿童池，蔡杰大部分的时间都只是在泡水"放空"，而且很容易就被周围戏水的小孩激怒，弄得气氛剑拔弩张，所以在他三岁后，我便开始带他到成人游泳的深水池。

因为身高不够，踩不到池底，所以他都跟无尾熊一样紧紧黏在我的身上。我则用走路的方式在水中徐徐前进，让他习惯全身被水包围的感觉。

这样有个好处，因为踩不到底，他必须完全依赖我，学习如何聚精会神，甚至学习如何看着我的眼睛。

当然，事情绝对不可能一开始就顺利进行。

深水池比儿童池更**恐怖**，他经常还是会拒绝配合，有时候我都已经下水了，正准备抱他下来，他却临阵退缩，逃跑让我追，我被迫只好在众目睽睽下，在泳池边上演"官兵抓强盗"的戏码，父子俩少不了又是一阵激烈拉扯，非常丢脸。

此时，我已经知道蔡杰是个有自闭症的特殊小孩，正因如此我更要坚持下去，绝不能让他心存侥幸，否则我们之前的努力就前功尽弃了，所以每一次我都会坚持把他抓回来。

当然，他如果真的哭闹不止也无法配合教学，还是得先上岸稳定他的情绪，但我绝对不会就此打道回府，之后还是要下水。如果他依然如故，那我们就再上岸、再下水……一直反复进行，慢慢延长他在水里的时间。

等到他习惯深水池一段时间后，我便要求他只能抱着我的脖子，双脚必须离开我的身体，完全放松不必用力，只要随着我的脚步后退，体验双脚在水中漂浮的感觉。训练一段时间后，他也习惯了，甚至开始有点儿喜欢**浮起来**的感觉。

对于水的忍受度也由排斥转变成接受了，在家里洗澡时，只要不洗头他也变得不会哭闹了。

啊，我终于能够稍稍松一口气了。

不过，前面的路还很长呢，我们得继续加油！

3. 学着放手

孩子，在你脆弱的时候，爸爸会扶持你，然后有一天，当你羽翼渐丰，就是我放手的时候了，你会很强壮，就算没有我的帮助，你也可以飞得很高、很远。

2007 年 8 月 1 日，蔡杰四岁半，他在深水游泳池缓缓漂浮游动了一米。

这是他立下的里程碑。

虽说"男儿有泪不轻弹"，但在那一刻，我还是忍不住激动落泪。

距离第一次带他到这里来学游泳已经悠悠过了三年时光，这三年有太多不足为外人道的酸甜苦辣……

终于，我的孩子，他成功了。

为了这一米的距离，我们父子都吃了不少苦头，光是为了

让蔡杰不再怕水，就花了快两年的时间。

可接下来，才是新挑战的开始。

三岁零八个月时，蔡杰开始上学前特教班，特教班每周三都有一次水疗课，地点就是我们**特训**的游泳池。

虽然蔡杰对场地很熟悉，但面对一群陌生人（两位特教老师与六位同学），他又开始惶惶不安，每次上水疗课他又变得跟当初一样哭闹抗拒。

整整有半年，蔡杰每次上水疗课都一定会哭闹，毫无例外。为了让他适应跟其他人相处，我总是刻意狠下心不靠近他，之后再利用一点儿时间陪他在深水池训练。

而这半年我也开始要求他游泳时放开我的脖子，改抓我的双手，同时开始让他学用游泳圈。

一般小孩学游泳，多半循序渐进地从漂浮、打水、换气开始学，之后便进阶到学蛙式、自由式等技巧。但这一套无法应用在蔡杰身上，我对他的要求很低，只要他的脚能浮起来，不管他用任何姿势，再怎么奇怪、难看都无妨，可以前进就好了，姿势标准与否，一点儿也不重要。

因为蔡杰无法理解太多口语指令，我只能用手势要求他游到哪里，有明确的目标他才会有方向。此外，还必须在他旁边不断大喊，用音量震慑他，他才会继续做动作，不然他就会"当机"，不动了。

我想，我们父子可能是游泳池里最吵闹的一组泳客吧？

整个学游泳的过程，是一门学习**放手**的功课。

我一步一步拉开跟他的距离，从紧紧环抱到只能抱住脖子，从抱住脖子到只能牵着双手，从牵着双手到只能牵着单手……最后，让他学会完全不需要我的辅助，独自游。

这个过程说起来简单，做起来却很不容易。

我只要一放开他，他就会陷入紧张，又赶紧像无尾熊般把我抱住，哭闹抗拒。所以，一开始练习单手时，每次我甩开他一只手后，在他快失控的前一秒，就赶紧抓起他另一只手，让他有安全感，知道爸爸还是会在**关键时刻**来救他的。

随着练习次数的增多，他渐渐习惯了，即使我只牵着他一只手他也可以游了，而且他开始体会到了游泳的乐趣。他高兴的时候会兴奋乱喊："我要看《民视爱》①！""我要拿钥匙！"旁人可能觉得莫名其妙，但我知道蔡杰在这个阶段对话语意义理解相当有限，他这些语言只是自我刺激，"翻译"出来的意思就是："我现在很高兴、很快乐！"

我甚至也陪他自我刺激，父子俩一起傻乎乎地讲着这些乱七八糟的语言，我回应他："没有《民视爱》了！""没有钥匙了！"让他情绪更高昂，我就趁机换手，让他学会和我不断交叉换手也不会沉下去的技巧。

这一招真的非常好用，蔡杰兴奋起来就会得意忘"怕"，

①　即台湾民视电视台曾播过的一部八点档电视剧。

忘记他自己还在游泳。几次以后，孩子的身体已经领悟到该怎么动才能独自浮起来的要领。

看到他已经十分适应以后，我决定可以**放手**了。我把他拉到靠近池边约一米左右的地方，试试他可不可以自己一个人游到岸边。

第一次，**当然**失败了，而且他马上"退化"回无尾熊的阶段，前面的训练成果简直像是不存在一样。自闭儿对于不好的事情记忆总是特别好，不管相隔多久他都会记住，而且拒绝再尝试，我们只好重新开始，一关一关再突破。

这过程就像是在打一个很令人气馁的电玩游戏，每每到了最后快通关的一刹那，又功亏一篑退回第一关。

一次、二次、三次、四次……我已经数不清到底失败过几次了。在这个过程中，无论蔡杰怎么对我拳打脚踢，旁人又是如何耳语甚至非议，我从来没有对孩子发怒过，但我的态度始终很坚定，我要让他知道：在这里，我是老大，你必须听我的，不管怎么样，我们都要练习下去。因为爸爸不会放弃你，永远都不会!

为了化解他的抗拒，我想到了一个新方法，除了继续利用他的自我刺激，让他兴奋起来、乐而忘"怕"以外，我还给泳池分隔线取了个名字，叫"蝴蝶结积木"。

蔡杰很喜欢玩我妻子头发上的蝴蝶结发饰，也很喜欢积木，听到我喊"蝴蝶结积木"，他的**防备**便放下一半，趁他高兴的时候我就指着"蝴蝶结积木"让他游过去。

终于有一天，他克服了心理障碍，在脚完全踩不到底的游泳池里，他可以不需要我的牵引独自游一米，游到"蝴蝶结积木"……

他会游了！他真的会游了！

那一刻，我的心情再也无法平静，眼泪不争气地掉了下来。

三年来，我们面对一次又一次的失败，以及别人的冷嘲热讽，有些时候我都忍不住自我怀疑，我们这么拼命到底有没有意义？

我们总算苦尽甘来，熬过去了。

之后又经过两个月，他已经可以独自在成人深水池里面来回游一趟了。

他开始爱上了这个活动，不时会主动要求"我要去游泳"。

你能想象吗？这个曾经连洗澡都讨厌、害怕的孩子，现在竟然会主动说自己想要去游泳！

在当地的游泳池，我还没看过有哪一个只有一米高的小孩敢在成人游泳池里面游泳，蔡杰应该是第一个。

那些以前对我们指指点点的人发现他学会自己一个人在成人池游都刮目相看，纷纷改口说："小孩学东西比较快。""这个小孩好厉害。"

快吗？整整三年，历经无数次痛苦的失败，一点儿也不快，但他们至少说对了一点——这个小孩真的好厉害。

　　至于当初跟我相持不下的阿公、阿嬷，看到我为蔡杰拍的游泳视频后，也不禁深深感动，觉得**蔡杰很厉害**，再也不会反对我带他去游泳了。

　　所有的挫折感从此烟消云散，取而代之的是满满的骄傲与成就感。我在心中呐喊："嘿！儿子，大家都不看好我们，但我们做到了耶！"

　　学游泳不但让蔡杰成功克服了触觉敏感以及对水的恐惧，更提升了我们父子的亲密感。

　　自闭儿的初期症状中，最让父母情何以堪的就是**亲密感**。

　　父母在自闭儿眼里跟寻常**物品**无异，没有互动、没有分享。爸爸、妈妈对他们来说，好像没有什么特别意义。

　　我跟蔡杰也曾经历过这个阶段，孩子不明白**爸爸**是什么，把我当空气，还有什么比这更让人心痛的？

　　在游泳池里，孩子的双脚完全触不到底，在可能会被淹没的恐惧下，他必须紧紧抱住我，与我肌肤亲近，完全信任我、依赖我，在这段时间里，我终于从孩子的眼神中感觉到我是他爸爸——是他全心依恋的守护者。

　　学游泳的三年虽然痛苦，但我们亲子间的感情也在不知不觉中慢慢加温。这份得来不易的亲密感，我无比珍惜。

　　我也深知，教导蔡杰的责任，除我这个父亲以外没有任何人可以替代。

　　孩子听不懂一般人说的话，加上有情绪障碍，如果把他丢给教练或老师去教，是绝对行不通的。妻子虽然会游泳，但是她的体力经不起这种消耗，而且她的心理素质较脆弱，恐怕无法应付周围的闲言闲语。阿公阿嬷就更不用说了。

能够协助蔡杰克服这个障碍的人，只有我了。

我是他的唯一，他也是我的唯一。

在他终于能够放开我的手独立游向前时，我心里的感觉真的是笔墨难以形容。

所谓亲子一场，不就是如此吗？

孩子，在你脆弱的时候，爸爸会扶持你，我们一起成长，然后有一天，当你羽翼渐丰，就是我放手的时候了，你会很强壮，就算没有我的帮助，你也可以飞得很高、很远。

但我们之间的爱与信任，永不改变。

一如我们当初在水中紧紧相拥的那一刻。

4.彩绘幸福

眼前的**不如意**，也许是为了某一个更美好的目的做铺陈，如果我们更愿意耐心地等候，就会发现，当初的挫折、苦难就像是化了妆的祝福。

到游泳池，除了玩水、游泳还能干吗？

答案是：画画！

蔡杰很小的时候，我就开始教他学游泳，因为身高不满一米，进场免费，后来他渐渐长大，进场则要买50元的儿童票，不算贵，所以只要是夏天，我经常带着蔡杰去练习。

几年之后，这个游泳池的经营权易主，费用也调涨了，成人的单次入场费是180元，儿童票仅比成人票少10元，票价170元。若买10张优惠票，不分大人小孩总价是1400元。以前10张儿童票只要500元，现在等于一口气暴涨两倍之多。

我辞职在家陪孩子，家里收入减少，游泳对我来说本来还算个平民运动，但这么一涨价，顿时变得很"贵族"。

有学习障碍的孩子需要长期、不间断的学习才能收效，但进场一次至少要 140 元，如果天天去，一个月 30 次，一个人就要花 4200 元，两个月就是 8400 元，以蔡杰的领悟力，如果要教到会，这项开支恐怕会非常惊人。

幸好，在这组新的经营团队还没入主之前，我跟蔡杰都已经熬过最艰难的时期，他那时候已经可以游得很好了，不然，这笔费用对我们这种收入并不优渥的普通家庭来说，可是一笔不小的开销。

某一年，游泳池经营方预计在淡季九月之后推出新的优惠方案"少泳队招募"，以四个月为一阶段，每个月还会有四次请游泳教练来上课。对我来说，请不请教练不是重点，重点是四个月内可以不限次数进场使用，而且费用只要 2000 元，跟以前一样，但是只限淡季。

往常，我只在夏天才会对蔡杰展开暑训，但既然有这个机会，带蔡杰来冬泳也不错，可以延续夏季的训练成果。

所以，方案一推出，我就先询问蔡杰是否可以参加。当时管理者告诉我，报名参加少泳队的标准是可以自己游 25 米。

当时蔡杰早就可以自己来回游 50 米，这位管理人也见过许多次，他给我的答案是："他没问题的。"

没想到，到了九月我要替蔡杰缴交报名费时，对方竟然告诉我，因为报名人数比预期踊跃，而且只有一个教练在教，所以不能让蔡杰参加了。

他开始挑剔起蔡杰的姿势如何不标准，听指令的反应又是如何与常人不同……如果蔡杰想要冬泳，那就只能接受上 10 次课 1400 元的方案。

我心想，管理者的说法是希望我知难而退吧？

这种当着家长的面批评孩子怎样差劲、怎样不受教，我并不是第一次碰到，但每一次听在耳里还是觉得有点儿受伤。

我也明白，自己的孩子跟一般孩子不一样，蔡杰确实没有办法像一般幼童那样顺利、正常地听从指令，总是要拉着他的手一讲再讲才能引起他的注意。教这样的孩子确实很麻烦，每一个当教练的都想教有天分的、聪明好教的孩子，没有人喜欢带这种麻烦的孩子。

我也不想**拖累**别的孩子，所以，我并不指望让教练来教，我自己来就好了，但尽管我告诉负责人只要让蔡杰参加这个方案，我自己教就可以，对方还是坚持不让蔡杰参加少泳队。

我不知道该怎么说才能让他理解，在他们还没有接手这家游泳池之前，我花了多少心血教我的孩子学游泳，我绝对可以保证，我会全心投入，绝不会让蔡杰给教练带来麻烦。但，这场谈判还是失败了。

我可以理解别人的顾虑，但也不禁感慨，如果蔡杰是正常孩子，可以表达无碍，就可以自己臭美地去跟教练说"我可以游到……程度"，而事实上，蔡杰的泳技早就已经超越少泳队的标准，只是因为他**不正常**，所以就被拒于门外。

由于我本来就是这家游泳池的长期会员，所以每天还是会去游泳，或许是心里有一点点赌气吧，虽然被拒绝了，但我还是每天都把蔡杰带去那里，虽然他不能下水游泳，但他可以在旁边做一些别的事情，例如练习画画。

我意外发现，孩子在游泳池畔画画，竟比在家里专心多了。因为，游泳池不比家里舒服，孩子不能想玩就玩、想躺就躺、想吃就吃，去除掉那些让孩子分心的干扰，他的专心度明显提升不少。我看效果不错，于是便天天带他去游泳池，但不是去**游泳**，而是去**画画**。

就这样，蔡杰在池畔画了四个月，画技突飞猛进。主题明确，轮廓鲜明，用色也相当有美感，每一幅画都十分可爱，富有童趣。

这真是意外的收获。

我想一般家长如果让孩子学绘画，一定会选择去上美术才艺班吧？全世界应该没有人会跟我一样，选择让孩子在游泳池边学画画。

当初被拒时，我沮丧地认为这真的是**命运的捉弄**，但如今想来，这何尝不是一种**上天的美意**？

如果当初蔡杰没有被少泳队拒收，就不会把游泳池当绘画沙龙，我也就无从发现孩子绘画的能力原来已经悄悄发展

出来了。

　　人生不如意十之八九，但眼前的**不如意**，也许是为了某一个更美好的目的做铺陈，如果我们更愿意耐心地等候，就会发现，当初的挫折、苦难就像是化了妆的祝福。

5. "驯兽师" 老爸与爱子的秘密基地

每当他快要跌倒时，我就得赶紧一个箭步向前去扶他一把，在他还没建立足够信心前，千万不能让任何的**失败经历**变成绊脚石。

蔡杰每学一项运动（或者说学任何东西）的模式都很像，一开始，一定是声泪俱下死命抗拒，苦苦练习一段时间后，渐入佳境，熬过"撞墙期"以后，他就会爱上那件当初让他恨之入骨的事情。

游泳是如此，直排轮亦然。

差别只是"撞墙期"时间的长短而已。

因为有专家建议我让孩子学直排轮，对于练习眼神对焦很有帮助，刚好家附近的县政府前有个开阔的溜冰场，于是，孩子四岁时，我们就帮他买了一双直排轮鞋。买了鞋子，我立刻兴致勃勃带他到溜冰场试溜，结果，他穿上后发现无法站立，

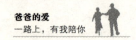

立刻抓狂。

这是预料中的事，所以我还是硬着头皮，试图牵着他走到溜冰场里面，但他说什么也不配合，凄厉哭闹到溜冰场里所有的家长、小朋友都在看我。当天，无功而返。

隔天，他只要一看到直排轮，就立刻想到昨天不好的记忆，疯狂哭闹、嘶吼、挣扎、打滚，不要说穿上去，连抓都没办法抓住他。

初期训练他溜直排轮的方式，与其说是**教小孩**，还不如说是**训练动物**更贴切些。

为了要哄他穿上直排轮，我必须用食物当**诱饵**。

一开始，妻子拿他最爱的巧克力在旁安抚他的情绪，我则趁机帮他穿溜冰鞋，虽然他并不喜欢，但看在巧克力份上还是勉强接受了。

有了学游泳的经验，我非常清楚，学习之初绝对不能让他跌倒，连一次都不行，否则他一定会把这个失败经验谨记在心，下次就算用巧克力恐怕也没办法让他就范了。

我和妻子小心翼翼地牵着他，慢慢拉着他溜，只要他稍微打滑，我们就努力撑住他，虽然他还是哭哭啼啼，但至少不挣扎了。

之后，我依照此**成功模式**，准备好巧克力，每天带他到家里的屋顶上牵着他溜，练习半小时。在这期间，他打滑的次数不计其数，不过我从来没有让他真正摔倒过，在他滑倒前一刹那，我就会立刻把他撑起来，所以他还算有安全感，偶尔会因为吓一跳而稍微哭闹，但大致上还算配合。

当然，他之所以这么"乖"，跟食物也有关系。为了让他心甘情愿练习，我每天都准备不同的小零食，如果没有使用这些增强物，恐怕根本无法进行训练。

平衡是一种本能，练习几天以后，蔡杰滑倒的次数减少了许多，我就让他试着自己扶着墙壁慢慢前行。

当然，他起初一定会害怕，但"重赏之下，必有勇夫"，我照例准备了他喜欢吃的东西，在旁边不断帮他加油打气、大声呐喊助威，他才愿意尝试。

等他适应以后，我承诺他只要他可以不扶墙壁走一米，就可以吃到饼干。嘿，顺利成功了！之后，我慢慢把距离拉大到三米，他也努力做到了，食物的魅力真是无法挡啊！

为了让他一直保持新鲜感，我也常更换奖励的食物品种，饼干、糖果、水果轮番放送。为了吃到这些好吃的东西，蔡杰只好克服害怕跟排斥的心理，朝美食前进！

我刻意把食物、水果都切得小小的，让他一口就可以吃下，但又解不了瘾，因为一直不满足，就愿意服从我的指令，做到了就能再吃一块。

看这孩子这么馋，忍不住又是爱怜又是好笑。蔡杰心思单纯，没办法用复杂的人类语言沟通，于是我这"驯兽师"老爸只好用食物来诱导他，做对一个动作就给他一点儿东西吃。

　　只不过，蔡杰常因一次失误就耿耿于怀，所以我还是必须随时保持高度警觉。每当他快要跌倒时，我就得赶紧一个箭步向前去扶他一把，在他还没建立足够的信心前，千万不能让任何**失败经历**变成绊脚石。

　　既然他已经不再排斥练习，我就把时间延长，由半小时到一小时，甚至后来到两小时。

　　牵引他的速度也加快了些，让他体会**溜**的快感，渐渐地他喜欢上了这种微妙感觉，常浮现出高兴的神情。不过，这只是拉着溜而已，真正会溜的速度快感可要比这个棒太多了。

　　练习一段时间后，我希望他可以溜快一点，只是受限于他的认知理解，我没办法用言语跟他解释速度是什么，为了让他体会这种感受，我牵着他去溜溜冰场的极限运动斜坡，因为地心引力和重力加速度的关系，跟在平地上拖拉的感觉完全不同，我想，他马上就可以领悟到**快**与**慢**的差别。

　　我想，他是喜欢这种感觉的。

　　这个"驯兽师"老爸与爱子的直排轮计划，还带来一个很棒的惊喜。

　　我们练习一个月后，有一天在屋顶练习时，蔡杰开口说话了。刚开始我听不出来，他自顾自地一边溜一边说，我连忙竖起耳朵倾听，鼓励他多说几次，慢慢说。

　　我猜错好几次，直到我猜出"溜冰鞋""溜滑梯"，他终于露出一点点笑容，我猜对了。

但我很纳闷，他为什么要不断重复说这两个词呢？于是我也就没有其他行动，只是配合他反复说着。

突然间他生气了，但嘴里还是一直说"溜冰鞋""溜滑梯"，我开始觉得奇怪，是不是他不想溜直排轮了？

我问他："你想去公园溜滑梯，是不是？"

他听后火气更大了，一边耍赖一边碎念着"溜冰鞋""溜滑梯"……我赶紧思考，他到底是想表达什么？

蔡杰对溜滑梯从来就不感兴趣，想来应该不是想到公园溜滑梯，不过，他倒是有在极限运动场上溜斜坡道的经验……

斜坡道？对了，就是这个！斜坡道不就是超级大的溜滑梯吗？

我问他："你是不是想去溜冰场？"

他一怔，停止哭闹，似懂非懂地看着我，我用手势比划出溜冰鞋溜斜坡道的样子。

"咻——咻——"

我看他的表情就知道我猜对了，赶快趁机教他讲"溜冰场"这个词，他乖乖地跟着复述了好几次。

这是蔡杰第一次主动用语言对大人提出请求。

这个阶段是他说话的萌芽期，他发出的每一个字眼在我听来都是天籁！

儿子，我会慎重看待你的请求。

机不可失，无论如何，这时候我们一定要去溜大斜坡！

虽然天色已晚，要准备吃晚餐了，这个时间带孩子出门，肯定会被阿公阿嬷臭骂，但我不管了，还是精神抖擞地对蔡杰说："好，我们去溜冰场，出发了！"

我开车带他到溜冰场，牵着他去溜斜坡道，暮色黯淡，但我们父子的心情却都明亮而快乐。

原本我计划让他在屋顶练得熟练一点后，再训练他溜斜坡，免得一开始就因为小闪失而中断，依他相当龟速的进步幅度，估计至少还需要三个月。不过，既然蔡杰都主动要求了，好，我们就勇敢**跳级**吧！

往后的每一天，除了下雨天，我们都会去溜冰场大斜坡报到。

这个溜冰场简直就像是为了我和蔡杰设立的，当地人对极限运动比较不感兴趣，除了假日会有其他人过来溜之外，其余的日子很少有人使用，这个场地就像是专属于我和蔡杰两个人的秘密基地。

我们会在这里一起完成更多不可能的任务！

6. 一千个小时的耐心

我只是想证明，对于再难教的孩子，只要肯下功夫慢慢调教，一定会有所进步的，所以，为人父母者千万不要轻易放弃你的宝贝小孩。

我和蔡杰练习直排轮的秘密基地，偶尔也会有一些其他孩子来使用。

那些比蔡杰更晚学直排轮的孩子们，多半是自己跌跌撞撞学着溜，他们的家长可以轻松地坐在一旁，好整以暇地和其他家长话家常，聊一些孩子到哪里学英文、到哪里上才艺班、到哪个老师那边学钢琴、在学校考试第几名之类的话题。

他们不必紧盯着孩子，不必拿食物诱导孩子练习，不必一次又一次地重复指令，不必在孩子崩溃闹情绪时费心安抚……

他们的孩子根本不需要这些**特别指导**，通常自己摸索一阵，摔几次就能进入状态。

老实说，我好羡慕这些孩子的家长。

在还不知道蔡杰患有自闭症以前，我也曾经这样梦想过，等孩子长大以后要给他什么样的英才教育。但如今，那些话题对我而言都是奢求了。

他们让孩子学直排轮是**锦上添花**，让孩子多一项娱乐或才艺；而我，则是为了**克服障碍**，希望孩子眼神能够聚焦，情绪障碍能够减缓，语言能力可以再进步一些……

尽管我的愿望如此卑微，实现起来却极不容易。

在训练直排轮之初，我小心守护他，不让他摔倒，免得他因此有**阴影**，拒绝练习。等到他比较会溜，在斜坡道训练以后，我才敢让他摔。

但是，每次摔倒后，我还是得花不少心力做"灾后重建"。

刚开始训练溜斜坡道，摔倒是不可避免的，但通常他只要跌倒一次，情绪就一发不可收拾，哭嚎、打滚、脱护具、脱直排轮，甚至尿裤子，很难控制。

为了避免这种状况发生，我被迫学会在蔡杰跌倒的**第一时间**火速把他抱起来，在他还没意识到**失败**以前，就让他在原地重溜一次，给他一种**完成任务**的感觉，情绪才不会发作。

训练到后来，我自己的反射神经也发达了许多。此外，我也在训练过程中学会了**牵手的技巧**。训练大致可分成三阶段：

第一阶段：一开始先陪着他，一起牵手由上面的斜坡溜到下面的平地，觉得他可以自己平衡后我才放手。

第二阶段：逐渐缩短牵手的时间，借由他的手掌传过来的触感判断他的平衡能力，若确认等一下应不会跌倒，就在斜坡的**中途**放手。

第三阶段：在斜坡上扶着他的手，甚至帮他施一点点力量，等于是推他一把，让他自己溜下去。

过了第三阶段，总算可以轻松一点儿了，不用我一直跑来跑去，他穿直排轮可以溜得很轻松，我可是"穿拖鞋"的，每次都要这样跑来跑去，还要提防突发事件，真的很累。幸好我还算年轻，体力不错，还能这样陪爱子运动，要是年纪再大一些，恐怕就经不起折腾了。

不过，蔡杰很会溜以后，偶尔还是会出现情绪障碍，这时候问题已经不在于**技巧**了，而是其他人为因素。

比如说，场地上有其他孩子练习或旁观，他就会焦虑，因为他害怕可能会被别人撞到，或是为了闪避别人而跌倒。

有一次，从他斜坡溜下来的途中，突然跑出了一个路人甲，他看到了，但不会直接撞上路人甲，而是自己先滑倒。虽然他有穿护具，就算滑倒也不会太痛，但这对蔡杰来说是一个不可饶恕的**失败**，他马上崩溃。

自从这次经历以后，他变得很难忍受溜冰场上有其他人出现，只要有其他人出现在附近，他就不会溜了。有一次，他已经在斜坡道一端准备要溜下来，我也在对面的斜坡道等着接应，

这时候我的身旁多出了三个想看表演的小朋友。

若蔡杰是个爱表现的正常小孩，应该会很高兴有观众来看自己表演，但他不是，他远远看到这三个小朋友，突然就哭闹起来，尽管我说："他们不会撞到你，不用怕！"他还是激动不已，那三个小朋友似乎也被吓到，自动站到更远的地方。

可是蔡杰还是哭闹不止，我们就这样彼此在斜坡两端僵持着。

我忍不住动怒，明明已经训练这么久了，为什么只是场地有其他人就变得不会溜了？于是大声命令他溜过来，但这样的反应让他更崩溃，他开始脱溜冰鞋，接下来的状况不用说也知道，已经不可挽回。

我很后悔自己情绪失控大声喊他，而我的"报应"就是：之后又多花了一个小时才让他再度穿上溜冰鞋。

在训练的过程中，我学会许多小技巧来克服他的情绪障碍，但是他仍然动不动就会发作，原因大部分都是发生**意外**，或是曾经有**不好经历**的记忆，让他认为"被撞倒→大失败"。这种执念会不断累积下去，而处理的方式就是要掌握到每一次的**第一时间**，在失败处重来，让他有**完成**的感觉。

之后，我刻意在训练过程中多安排了一些被撞或可能跌倒的情况，但当下就**处理**这个状况，让他的大脑产生新的认识"被撞倒→不会有不好的事"。

比如说，当他在斜坡道上往前跌倒时，双手支撑着地板，我就站在他后面，用双脚抵住他的直排轮，不让他继续下滑，因为斜坡是有角度的，重新站起来比较容易。一段时间后，等他可以轻松站起来后，就换平地练习，我同样会抵住他的直排轮，有我支撑着，他就比较有信心站起来。

当他逐渐掌握要领后，我便减少支撑他的次数，让他自己站起来，经过一次又一次的反复练习，他终于能够克服跌倒的情绪障碍，在人前溜直排轮时也不易产生焦虑了。

要教导蔡杰这样的自闭儿，除了磨杵的耐心，没有别的捷径。

在训练了 1000 个小时（是的，你没看错，1000 个小时，这不是夸张法，而是**实实在在**的练习时数）以后，蔡杰已经可以溜得非常棒了，倒退溜、交叉溜、画葫芦等技巧都难不倒他，也能在极限运动场的大斜坡上展现令人惊叹的平衡能力。

有些不知内情的婆婆、妈妈看到蔡杰溜直排轮溜得这么好，都问我："在哪里学的？""哪里可以请到这个教练？"

我心里总忍不住一阵苦笑，这个厉害的教练就是我，只是，我是个只专属于蔡杰的 VIP 私人教练。

我只是想证明，对于再难教的孩子，只要肯下功夫慢慢调教，一定会有所进步的，所以，为人父母者千万不要轻易放弃你的小孩。

通过不间断地训练后，蔡杰的情况也确实渐渐好转，情绪、口语、专注力、运动神经都有长足进步。如今，他也爱上这个

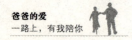

活动，直排轮现在甚至转变成一项很有魅力的**增强物**。

以前，食物对蔡杰有很强大的吸引力，但随着他年纪渐长，零食的魅力已经不若他小时候那样强大。当蔡杰不想上学时，增强物如果只有**零食**，效果便有限，但是只要我告诉他"放学后，可以去溜直排轮"，他就开心地去上学了。当初让他苦不堪言的直排轮，现在变成了他快乐的来源。

人生，原本就是苦乐并存的。孩子未来的成长阶段一定还会面临各种艰巨的挑战，爸爸这个专属于你的私人教练，一定会教懂你"苦尽甘来"的道理，把每一个障碍都化为未来的喜乐。

蔡杰爸的直排轮训练笔记

在训练直排轮一段时间后，我发现这项运动为我的孩子带来不少好处，或许，对一般的孩子也有不少帮助。我将这些心得列举如下：

这是一个很能发泄体力的运动，可以减少自闭儿不必要的自我刺激。

直排轮可以训练人的平衡和四肢的协调性。训练后，蔡杰走路的姿势比以前更漂亮，比较有踏实感。原本蔡杰的眼神空洞不会对焦，但直排轮是一项非常需要眼神专注的运动，不然很难保持平衡，练习之后他的眼神比较能聚焦了。

因为他喜欢这项运动，所以比以往快乐许多，每天都会有笑容。而且，他的语言能力在这个阶段发展最快速。他以前常呈现恍惚状态，但训练他溜斜坡道以后，专注力明显提升，反应神经也变得比较快速。

因为他常常在学校溜直排轮，很多师生因此认识他，对他的人际关系也有所帮助。在训练这项运动的过程中，让我学会许多引导方面的小技巧，我相信只要全心全意付出，不要怕失败，不要心急想立刻看到成果，时间到了，孩子自然就会进步。

7. 不可能的任务，我们做到了

若不了解练习的痛苦就说孩子不够努力，这样是不公平的。如果家长也愿意跟孩子一起运动，不仅能了解成果不佳的原因，也更能促进亲子感情。

蔡杰六岁那年，我帮他买了一辆有着美丽土耳其蓝轮框的新"坐骑"。

这是他的第五辆脚踏车，但跟前四辆不同的是，这辆脚踏车没有把手，而且它的轮子只有一个——它是辆独轮车。

什么？教自闭儿学骑独轮车？那是不可能的任务吧？

只是学个游泳、直排轮或脚踏车，就必须经历血泪交织的煎熬，更何况是需要极大专注力与绝佳平衡感的独轮车！

我想可能有人会以为我必定是疯了，或是个虐待狂吧？

但我很清醒，我知道，这项运动绝对可以帮助我的孩子。

　　有一回，无意间看到路上有人在骑独轮车，这项运动在台湾很罕见，我只在电视上看过而已，立刻深受吸引，看得目不转睛。

　　此时，我的育儿生活正陷入倦怠、低潮，独轮车的出现又重新点燃了我心中的热情。我又找到了比直排轮、脚踏车更具备让自闭儿眼睛专注的工具了，这让我感到兴奋无比！

　　这项运动要求全身都必须保持警戒的状态，完全不能有分心的机会，这对眼睛无法对焦、注意力易分散的自闭儿是绝佳的训练器材，可以同时锻炼大脑与肢体。而且，独轮车也是一项挑战自我极限、磨炼性情的好工具，我相信孩子只要能够学会这项技能，就可以产生很大的自信心。

　　隔天，我迫不及待订购了一辆独轮车。不过，我一开始也不会骑，该从哪里教起呢？

　　没关系，先上网做功课！

　　根据我查到的资料，一般有教练指导的国小学童，若每天努力练习，不怕摔的话，大概花一两个星期左右，就可以骑着独轮车前行了；怕摔的人，如果每天愿意花时间坐在独轮车上，扶着栏杆或是墙壁前行，一两个月以后也都可以学会了。这样看起来，好像也不是太难学嘛。

　　当然，我也很明白，蔡杰跟一般孩子不同，但多年历练下来，我早就做好了"万事起头难""一分耕耘，0.0000001 分收获"的心理准备，我就不相信如果我们扎扎实实练习 500 个小

时还学不会！

　　我上网搜寻相关的教学影片，具备了一些独轮车的基本概念后，就开始陪着孩子在家里练习。

　　第一步，得先学习怎么坐上去，然后练习上下车的动作。

　　我试着让蔡杰扶着家里的走廊墙壁骑行，几天下来，边学边修正姿势，感觉好像有一点点心得，但这种技巧性的东西恐怕没办法光靠嘴巴讲一讲就让蔡杰心领神会。

　　我陪孩子练习几天之后，一直觉得效果不是很好，即使我牵着他，他也找不到可以平衡的点，一直不断摔下来，摔久了或受伤了心情就会不好，接着又会发脾气，越练习越挫折，甚至不肯再学了。

　　孩子会出现这样的反应也是可以理解的，毕竟我自己也不会骑独轮车，根本就不了解孩子的痛苦点在什么地方，只凭着"看起来"的感觉来教孩子，这种**隔靴搔痒**的教学法很容易有盲点。

　　所以，我另外订购了一辆成人骑的独轮车。在教蔡杰之前，我自己应该先学会。这样做的好处是可以亲身体会初学者最需要用力的肌肉是在什么地方，才能避免过度练习产生的运动伤害，同时将来指导孩子时也比较能够教他要领。

　　自己试过以后，就了解蔡杰为什么会练到大发脾气。

　　初学者还没抓到要领，下半身得花很大的力气，才能维持上半身的体重及平衡，刚练习的那几天，大腿内侧肌肉非常酸痛，痛到我隔天走路都有点儿不顺，难怪蔡杰抗拒。

了解孩子学习初期的**痛苦点**，以及常会摔倒的姿势后，往后教学就可以尽量去排除、避免这样状况发生。

经过两星期的苦练，我学会了，当我示范给蔡杰看时，孩子亲眼看见我骑着独轮车骑行了几米，原本呆滞的脸庞突然露出感兴趣的表情，又开始跃跃欲试起来。

对这个年纪的男孩儿来说，父亲就像是他们的偶像，即使是自闭儿也会有模仿父亲、跟父亲做一样事的欲望。

我多给孩子示范一些标准动作，孩子抗拒学习的态度就会改善。

这么多年来，我在带蔡杰练习骑脚踏车、滑直排轮、滑板等各种运动时，有时候也会遇到其他练习的小朋友，也见过一些自己并不参与只是在一旁纳凉，但当孩子表现不好时却出言指责的家长。

我觉得，若不了解孩子练习的痛苦，就说孩子不够努力，这样对孩子是不公平的。如果家长也愿意跟孩子一起运动，不仅更能了解孩子练习成果不佳的原因，也更能促进亲子感情。

看我骑得不错，蔡杰竟然愿意自己来尝试看看，不需要我牵着他骑了，就算跌倒了也无所谓。亲眼看见怎么骑，跟没亲眼看见时的学习态度果然是不一样的。而练习一阵子以后，他真的也学会基本动作了！

我们父子常分别骑着一大一小的独轮车，但却手拉手一起前行，那种亲子交流的感觉真是美好！

自闭儿的心思经常是涣散的，连自己在做什么事情都不知道，蔡杰也是这样，若不去理会他，我估计他每天24小时里可能有4–8个小时的时间处于恍惚、发呆、放空的状态。

所以，我每天至少花两个小时陪着孩子一起从事**不得不保持专心**的活动，至少在这段期间，他没办法放空，必须完全专注。久而久之，是不是可以**习惯成自然**地学会专心、让生命踏实一点呢？

多年来，我一直挖空心思寻找各种能够让孩子持续保持着高度专注力的活动，而独轮车就是最佳选择之一。

随着他的技巧越来越好，我也陆续开发出各种新的招式让他挑战。除了让他练习绕行障碍以外，也让他学着在排成一列的砖块上前行而不掉落，随着他的进步再慢慢提高难度与高度。想要做到这些事情绝对不能分心，连一秒钟都不行，这对蔡杰这种眼神跟注意力都不集中的孩子而言是很好的训练。

我们每天骑行的距离，从短短几米慢慢推进到几公里。蔡杰显然很热爱这项运动，他可以不需要任何牵引自己一个人连续骑一个小时，距离长达4.7公里。

我跟在孩子后头帮他录像记录，看着他小小的、专心努力往前骑的背影，心中满是感动。

谁说骑独轮车对自闭儿来说是不可能的任务？我们就做到了！

练习了一年以后，蔡杰那辆 16 寸的土耳其蓝独轮车已经变得伤痕累累、斑驳陈旧，看这辆车掉漆这么严重，就知道主人过去练习得多么认真。

在不知不觉中蔡杰又长高了些，为配合他的身高，于是我让他改骑我的 20 寸银白色独轮车。

不过，一如过去的经验，不管学什么东西，直排轮也好，脚踏车也好，每次只要换新的东西，就得花好长一段时间重新适应。一般小朋友会因为新车兴奋不已，很快就能重新进入状态，但蔡杰却恰恰相反，他那些得来不易的技巧仿佛突然退化、消失，即使已经换到了第五辆脚踏车，他刚骑上新车的动作还是会笨拙到让人误以为他是刚学习的菜鸟。

只要有一些变化，所有事情就得重新来过，一切归零，这或许是这孩子的宿命吧。不过，没关系，只要我们再努力一次，还是可以重新**找回**失去的技巧。

换车以后我们练习了两个月，孩子的技术慢慢又恢复原貌，他又变回了那个让人惊呼赞叹的特技少年。

经过各种运动严格训练的蔡杰，不再只是原来那个反应慢、没感觉的自闭儿，他渐渐能展现出**正常人该有的反应**。

他开始知道父亲、母亲，他开始知道与家人的亲密感，他也渐渐懂得语言，渐渐开始对这个世界**有感觉**。

而且，他很快乐。这是最重要的目标。

对我来说，已经足够，我还有什么好要求的呢？

8.掌声响起来

　　未来的人生舞台上或许仍是荆棘密布，但请你记住这种感觉，只要努力不放弃，你一定能穿越所有障碍，等到掌声响起的那一刻。

　　蔡杰现在九岁，他的独轮车技术已经练到炉火纯青，可以在半个人高但宽度不到 20 厘米的矮墙上，神色自若地移动。

　　这看起来已经不只是个**运动**而已了，简直像是一种**特技**。第一次看蔡杰表演这项**空中独轮绝技**的人，没有不惊叹的。

　　不过，墙上一分钟，墙下可是三年功。

　　随着蔡杰骑独轮车技巧的不断精进，我开始尝试让孩子跳脱平地的空间，选择难度高的"三度空间"做练习——也就是要挑高。

　　或许有家长会质疑：你干嘛训练孩子学这么危险的特技啊？

其实，我从来就不曾为了家长的虚荣或是其他不重要的理由而让孩子学才艺，我之所以让蔡杰练习这项**特技**，是因为如果运动的难度不够高、太过**安全**的话，是很难强迫孩子全神贯注的。

我们先从高度还不算太高的公园花圃矮垣开始。每天，我都牵着他在这道矮垣上来回慢慢骑，老实说，我也不知道到底要花多长时间才能学会，我唯一知道的事情是：我要牵着他练，直到会为止，至于要多久，从来不是重点。

这个**陪练者**的工作，可以说是相当枯燥。就是来来回回、反反复复牵着骑独轮车的孩子在矮垣上骑行。但这个角色非常重要，未来随着练习的高度增加，如果我稍不留神，孩子就会从墙上摔下来，后果跟在平地上摔倒的皮肉伤可不一样，很可能会伤筋动骨的。

正因为有危险性，才能强迫提升他眼睛聚焦的能力，也希望他学会之后可以增加自信心，毕竟，这可是一个需要**胆识**的运动呀！

这项实验的成果超乎我的预期，它简直让蔡杰脱胎换骨。

以前，蔡杰讲话总是轻若蚊鸣、欲言又止，做事情也总是畏畏缩缩，什么都怕，什么都不敢尝试。但自从他学会在花圃矮垣上骑独轮车以后，他身上似乎有某一个开关被打开了，就像武侠小说形容的——仿佛打通了任督二脉，终于开窍了！他讲话的音量开始变得比较大声，做事情的态度也变得比较积极，比较像个男孩子，开始愿意尝试新鲜的事物。

"艺高人胆大"这句话形容他还真是贴切，独轮车技术把蔡杰的勇气和自信都激发出来了，这真是意外的收获。

练习依旧持续着。等他在花圃矮垣上骑独轮车的技术纯熟精湛以后，我便让他去挑战更高的墙，我相信，不同高度会带来不同的视野。

孩子深爱这项充满刺激的挑战，他只要一骑上独轮车，那种充满专注力的神情及兴奋感就好像关羽遇上了赤兔马，如此契合无间。

每次看他骑独轮车时脸上自信爽朗的笑容，我心里也有种安慰、骄傲的感觉：好小子，真有你的！

独轮车运动也为蔡杰带来了一个空前的**荣耀时刻**。

每天放学后，就是我们父子的独轮车时间。有一次，我和孩子在学校里的篮球场练习，班主任老师无意间经过，发现我们在练习，这是老师第一次看蔡杰骑独轮车，她很惊奇："嗨，蔡杰，你会骑独轮车喔？好棒喔！"

一个月后的某一天，这位老师带来了一个好消息。她问我："学期末最后一天，我们班上要举办同乐会和才艺表演，每个小朋友都要准备一项才艺表演，可以自由发挥，到时你可以让蔡杰来表演独轮车吗？"

当然好！我马上欣然答应了。

学期末最后一天，我到教室参观。每个小朋友轮流表演自己的才艺，有魔术、弹钢琴、吹笛子、跳舞……大家都使出浑身解数，充满自信地展现拿手绝活。

我一边欣赏小朋友表演一边心疼地想：孩子的团体中，通常只有那些聪明优秀或是一些喜欢出风头的小朋友才有较多的机会获得掌声，进而产生更多自信心，这种荣誉感会成为他们未来学习成长之路的重要根基。但自闭儿受限于先天的个性，在团体生活中永远是**没有存在感**的人，他们大概很难尝到**荣耀**的滋味吧？

在我思潮起伏的同时，终于轮到蔡杰了。

由于蔡杰的表演需要较大的场地，所以他被安排在最后一个当作压轴，看完其他同学表演后，老师将全班同学集合统一带到操场，整队准备看蔡杰表演。

那个时间，操场上也有其他班级在上课，听说有一个孩子要表演独轮车后也纷纷聚拢过来，"观众"的阵容一口气从一个班扩张成三个班 90 个人。

我的心，屏息以待。

我请小朋友帮忙把当作障碍物的垫片按适当间距排成一个圆形，一切准备就绪后，我们的最佳男主角带着他心爱的"坐骑"登场了！

蔡杰一骑上独轮车，马上引起现场一阵骚动，"好厉害喔！"

一开始，他并没有出现任何表情，只是专注地看着眼前的路障，听我的指令，绕完了一圈，又反方向绕了一圈。我接着说："S 型。"他也漂亮地绕了一个 S 型的路线。

小孩子的反应是最天真、最直接的，他每做一个动作，大家就是一阵惊叹。在表演过程之中，我听到有班上同学跟别班的小朋友大声炫耀："蔡杰是我们班的噢！"

我的心情一阵激荡，我的孩子，被他的同学引以为荣！

但我强作镇定，让蔡杰进行最后一个表演"定轮"——以半圈前进、半圈后退的方式，维持自己在原地保持平衡身姿的技法。

我就像过去无数次练习时，在旁边按照他的动作帮他报数："1、2、3、4、5……"有些小朋友们听到我数数，也自动跟着我的节奏，跟着我一起帮蔡杰大声报数："11、12、13……"

渐渐地，加入报数的小朋友越来越多，现场就像是沸腾了一样，欢声雷动，大家一起合力大声数着："21、22、23……"

原本面无表情的蔡杰听到同学们为他呐喊助威，脸上浮现出一丝腼腆的微笑，随着呼声越高亢，他的笑容也越来越深、越来越灿烂……

我激动不已。

自闭儿并不是对**同辈的接纳**或**被肯定的荣耀**全无感觉，只是过去他从来没有机会去体会。先天的限制让他在团体中只能扮演着弱势、被照顾者的角色，但在那一刻，他脸上出现了过去从未有过的自信笑容，他知道这些加油声是大家为他数的。

　　作为他的陪伴者，我知道孩子艰辛、寂寞的成长过程。在学习独轮车的过程中，蔡杰摔倒、受伤的次数不计其数，但就算摔得伤痕累累，我们也从来没有放弃的念头，默默努力着。障碍非但没有把我们击倒，相反的，它让我们变得更加坚强、茁壮！

　　随着蔡杰定轮次数的推进，同学们的报数声浪愈来愈大，加油声、鼓掌声也愈来愈急促："85、86、87……"表演进入高潮，越接近尾声，孩子们就越兴奋，大家都坐不住了，纷纷站了起来："97、98、99……"

　　"100！"数到 100 时，小朋友们全都跳了起来，疯狂欢呼："耶——"

　　这一刻，我的视线开始模糊，声音也不听使唤地哽咽起来。

　　啊，我亲爱的孩子，相信你一生都不会忘记这一刻，这热血、荣耀的一刻！

　　你听到了吧？那些热情的欢呼是专属于你的，你是全班的英雄。

　　爸爸知道你很难用言语表达此刻内心的感觉，但我了解你，如果你说得出来，我想你会说："我喜欢这种被肯定的感觉！"

　　在你未来的人生舞台上，或许仍是荆棘密布，但请你记住这种感觉，只要努力、不放弃，你一定能穿越所有障碍，等到掌声响起的那一刻。

蔡杰爸的一封信（3）

亲爱的体育老师：

您好，我是一年十班蔡杰的父亲，很冒昧写这封信给您。

一般小学生的家长会注意的都是学科，较少人注意体育课，但是，我必须让您知道，体育课对我的孩子有极大的影响力。

自闭儿有互动以及社交障碍，学校里面的体育课以及下课时间，就是自闭儿练习社交最好的一堂课。

如果可以，请体育老师在上课时，不要因为蔡杰自闭儿的标签而同情他，给他特权，让他不用做体操。不需要这样做，大家怎么做，蔡杰就应该怎么做。

或许蔡杰笨手笨脚，反应不够快，但这都没关系，重点是要有机会和大家一起学习。

如果蔡杰什么都不会，要跟人家玩，也真的很难，所以过去我花了很多心力，训练蔡杰各种运动项目：游泳、直排轮、脚踏车、打棒球、水平天梯等，先让他具备玩的条件，这样才会有机会和别人一起玩。

请体育老师引导他和小朋友一起玩，或是设计一些必须两个人以上才能进行的活动，让他有机会去学习互动、学习游戏规则。当蔡杰一个人发呆，不知道要做什么事情时，也麻烦老师适时介入，拉他一把。

在学校，没有比体育课更适合让自闭儿练习互动的课程了，这是最自然的方式，也将是自闭儿的救星。

我的孩子进入校园，本来就是要当最后一名的，或许老师可以以蔡杰为参照，只要有办法让蔡杰学会任何一件事情，就意味着全班小朋友都会了！

感谢您拨冗看完这封信。

（蔡杰爸）蔡昭伟

第四章

孩子，谢谢你

　　蔡杰教会了我一件事：教育必须是具备感情的，而且，这份感情不能"刀子嘴，豆腐心"般深藏在心里，必须要精准传达到孩子的心里，才能产生真正的效果。

1. "结" 与 "解"

陪着孩子学打结、拆解的这个过程，仿佛也在整理我的心结。

2. 喜欢上慢的感觉

或许不是我牵着蔡杰散步，而是蔡杰牵着我欣赏这沿路的鸟语花香呀。

3. 用爱超越罪与罚

感情不能是"刀子嘴，豆腐心"般地深藏在心里。

4. 何必学会地球人的伎俩？

只要我们认真过活就好，不必事事都要论输赢。

5. 坦然的勇气

教育蔡杰的过程，对我而言也是一个淬炼心灵的过程。

6. 老爷爷做事总是对的

我想，我也是一个很幸福的"老爷爷"呢！

7. 老板娘的信

真是天下父母心，永远都为孩子心心念念！

1. "结"与"解"

陪着孩子学打结、拆解的这个过程，仿佛也在整理我的心结。看着他用小手慢慢地、努力地终于把紧紧纠缠的死结打开，我的心结也解开了。

如果您家里也有一个念小学的孩子，教他绑鞋带需要多少时间？五分钟？十分钟？我想应该不会超过两小时。

可是，光是教蔡杰打结，学着自己绑鞋带，我们就练习了两年。

第一次发现孩子不会打结，是在一个溜完直排轮打算收东西回家的傍晚。

通常我带孩子溜直排轮或骑独轮车之后，会让孩子自己收拾我帮他自制的角锥路障，全部捡起来收到塑料袋子里，准备带回家。

　　那一次，我看他袋子里的路障快掉出来了，便要求他把塑料袋打结，免得路障掉得到处都是。

　　打一个结，对小学生而言应该不是什么难事吧？只是把塑料袋的"耳朵"先交叉，按住交叉点，任一头绕过去，两边一拉，一个结不就打好了？

　　但，就是这么简单的一个结，把蔡杰打败了。

　　我简直难以置信，不管我示范多少次，他就是不会！

　　那一天，我们从黄昏练习到天黑，直到已经看不清楚了，他还是打不起来，失败的挫折感让他气得到处乱跑，还一直大吼大叫。

　　跟蔡杰相处久了，我早已对他突发性的情绪反应见怪不怪，如果他此刻有情绪，通常我会让他宣泄出来，要大叫就让他大叫，要奔跑就让他奔跑，即使引人侧目，我也不会强押他回家，我只是不发一语地静静等候。

　　看着不会打结而满场乱跑的蔡杰，其实，我的心里比他还慌。

　　若连单结都打不起来，恐怕连绑鞋带都有问题。现在他穿的球鞋是带魔鬼毡的，但以后鞋子多半都是鞋带式的，难道我跟妻子得帮他一辈子绑鞋带吗？

　　不行，我怎能让这种事发生？

　　我在想，是不是塑料袋的提手中间有个空洞的缘故，导致他产生错乱，才会打不起来。隔天，我决定将打结的程序简化，

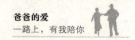

改用一条细绳教他。

一般人很难想象，只不过是绕圈、拉紧这样简单的动作，竟然可以把一个小学生逼得泪眼汪汪。绳子的两端怎么就是不能绕在一起呢？好不容易费尽九牛二虎之力，终于打了个平结。好，现在要学着把结解开，但在这里又遇到瓶颈了，我们父子整整折腾了两个小时，他终于稍微熟练一点了，我这才拿出塑料袋来让他练习，不知道到底练了多少次，他终于学会了。

可是，隔天我们练习时，一切又退回原点。所以，我们只好从头开始，找到机会就练习、练习、再练习。前后经过两年时间，他才完全熟练。

即使是打结这样一个在外人眼中如此简单的小事，都要大费周章练习，更别说其他的事情了。

因为有了蔡杰，我才知道，有很多世人看似**理所当然**的事情，其实并没有那么**理所当然**。

想当初，决定辞职回家亲自教育孩子时，我也曾雄心勃勃，一心想要扭转孩子的劣势。然而，实际开始教育孩子以后，才知道教育自闭儿有多么困难，每一天都充满困难与挑战。无论我付出多少时间与耐心，却盼不到一丁点儿反馈，在无奈、无力的同时，还得安抚孩子愤怒的情绪，以便让练习能持续下去，不致中断。

蔡杰无论学什么东西，学习期都以年为单位，我当初那期待日起有功的雄心壮志，早已在这过程中被一点一滴磨掉了。

142

但是，在这过程中，我学会了另一种本事：等候。

我不再用世人的时间或者自己的时间来量度蔡杰，而是配合他的步调，让他慢慢地学习。无论结果如何，我都已经做好陪他练习一百个小时、一千个小时、一万个小时的心理准备。

有一段话我一直很想跟所有的父母以及教育工作者分享：

教育心得之"药方"：关怀一两、尊重半碗、聆听三分、同理心两粒、了解一颗、鼓励一斤、智慧九分，再用"心"锅煎，三碗水熬一碗汤，日日服用。

药效温和缓慢，但只要**日日服用**，必然会见效。

而这些年来，我的确在蔡杰身上见证了**爱**是如何把不可能变为可能。

陪着孩子学打结、拆解的这个过程，仿佛也在整理我的心结。

看着他用小手慢慢地、努力地终于把紧紧纠缠的死结打开，我的心结仿佛也解开了。

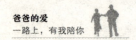

2. 喜欢上慢的感觉

我逐渐体会出，若不是看过《跟蜗牛一起散步》的故事，我也不会有机会体会这么单纯美好的亲子情谊，只要有一点儿小幸福，我们就好快乐。

某天，我听到一些台湾妈妈们用台语在抱怨自己的小孩："册，不知安怎读欤？甘是读到'咖夹帕'去！头壳毋知是不是'空谷力'！"（不知道书是怎么念的？都读到背后去了！脑袋瓜子不知道是不是硬得跟水泥一样！）

我听了，忍不住又想起小时候的那段**创伤**。

我出生在新北市（当时叫台北县），小学毕业后读新庄的头前国中，但功课不好，在学校从 A 段班读到 B 段班。毕业后，考上海山高工的机械科，只读了半年，因为年少轻狂、行为叛逆被退学。

这时刚好我们也搬到嘉义，我重新考上了隔壁县市的后壁高中建筑制图科。

开学第一天，每个人都要自我介绍，因为我是重考生，轮到我的时候，我是这样介绍的："大家好！我国中是念台北的头前国中……"

这时，老师像发现新大陆一样，当场"啊！"了一声，全班吓一跳，鸦雀无声。接着老师开口了："阿你是安怎读册欸？你偎'头前'读来到'后壁'喔？"（你是怎么读书的？怎么从"前面"读到"后面"来了？）

老师这个结合地名的幽默双关语，让全班当场哄堂大笑，但自尊心强的我却窘得想钻地洞，这天后我还因此整整被班上同学取笑了一个月。

之后，我只要听到"读册读到后壁"之类的话，就有点儿神经过敏。

虽然我小时候有这段经历，但我也有可能跟那些妈妈一样，变成计较小孩分数是"后壁"还是"头前"的家长。

这是人性，大多数的爸妈都是**贪心**的，虽然情感上会希望孩子**健康快乐就好**，但随着孩子年纪的渐长，父母的欲望也会开始慢慢膨胀，盼望孩子功课好、人缘佳、多才多艺……最好未来能够鹤立鸡群、出人头地。

蔡杰出生时，我也是一个**贪心**的爸爸，希望他以后就跟他的名字一样是人中豪杰，我们一定要赢别人！

但天不从人愿，蔡杰是一个有学习障碍的孩子，他这一生，要出人头地，恐怕机会渺茫。

面对这样的孩子，我没有资格**贪心**，只能**务实**。

也因为如此，我变得比较容易满足。

一般家长会为了孩子**还不够优秀**扼腕遗憾，斤斤计较孩子没做好的部分，想要责备、惩罚孩子；但对我来说，我没有这种奢侈的烦恼，这些要求对蔡杰而言，都太过不切实际了，只要他有任何一丝丝微小的进步，就足以让我雀跃不已。

孩子的拼音考试考了 35 分，我很高兴，因为他终于有分数了！

孩子考 40 分，我也很高兴，因为他进步 5 分了！

当孩子考了 75 分时，哇，这叫作进步一倍！

当孩子终于能考到 90 分，你真是太赞了！爸爸一定要大大奖励你！

我喜欢奖励孩子的感觉，孩子也喜欢被奖励，无论他表现如何，至少我们都朝好的方向前进了，任何点点滴滴的进步，都是我们生活喜乐的来源。

我们不用赢别人，只要赢过昨天的自己，这样就很快乐了。

曾看过一篇网络故事，让我心有戚戚：

上帝给我一个任务，叫我牵一只蜗牛去散步。

我不能走得太快，蜗牛已经尽力爬，每次总是挪那么一点点。

我催它，我唬它，我责备它，蜗牛用抱歉的眼光看着我，仿佛说：“人家已经尽了全力！”

我拉它，我扯它，甚至想踢它，蜗牛受了伤，它流着汗，喘着气，往前爬。

真奇怪，为什么上帝叫我牵一只蜗牛去散步？

“上帝啊！为什么？”天上一片安静。

“唉！也许上帝去抓蜗牛！”好吧！松手吧！反正上帝不管了，我还管什么？

任蜗牛往前爬，我在后面生闷气。

咦？我闻到花香，原来这边有个花园。我感到微风吹来，原来夜里的风这么温柔。

慢着！我听到鸟叫，我听到虫鸣，我看到满天的星斗多亮丽。咦？以前怎么没有这些体会？

我忽然想起来，莫非是我弄错了！原来上帝是叫蜗牛牵我去散步。

在教育蔡杰的过程之初，我也常有“带蜗牛散步”的无力感，不管我多么着急、生气，我的“蜗牛”蔡杰就只能移动这么一丁点儿。

但这些年来，我逐渐体会到，若不是看过《跟蜗牛一起散步》的故事，我也不会有机会体会这么单纯美好的亲子情谊，只要有一点儿小幸福，我们就好快乐。

蜗牛的慢让我无法急功近利，只好学习慢活儿。仔细思量，或许不是我牵着蔡杰散步，而是蔡杰牵着我欣赏这沿路的鸟语花香呀。

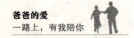
3. 用爱超越罪与罚

打或吓阻的教育或许暂时能够治标，但终究治不了本，而且，孩子总会长大，有一天当父母再也无法用打来控制孩子时，该怎么办呢？

回忆我小时候，每次月考前母亲总会事先准备好晒衣架。你可能要问："考试跟晒衣架有什么关系？"当然有！这可是妈妈的**家法**，用来**治**我们家四个小孩的。在母亲**严管勤教**之下，我家几百个晒衣架都弯曲变形，没有一个是健全的，这也造成往后我对晒衣架有种"特殊情感"。

母亲的**家法**是晒衣架，而父亲的**家法**则是棍子。或许你会好奇："是哪一种棍子？"说出来令人难以置信，父亲使用的棍子可是大有来头，竟然是武术用的少林棍！

很多中国家长都信仰"棍棒底下出孝子"这句话，认为就算教不出孝子，至少可以教出听话的乖孩子。

但是，这种做法真的有效吗？

小时候我有个很糟糕的坏习惯：会偷拿父母的钱。若被抓到，父母亲当然不会手软，一定是一顿毒打，但我因此而不敢偷了吗？不！我只是不断"改良"我偷钱的技巧，父母越打，我的警觉心就越高、技巧越精湛。

因为，我在犯错以后，只受到痛的教训，却没有学到该学的是非之道。不只家长如此，学校老师也信奉这套"不打不成器"的教育理念。

我记得小学四年级的自然老师，只要考试没考好，就会打孩子的手心，而且只打左手心，为什么？因为如果是打右手心，小朋友会痛到没办法写字，可是，就算全班小朋友的手都被打肿了，班上的同学也并未因此每人都能考 100 分。

国中时，老师的体罚是用藤条抽大腿，有一次我被抽了两下，回到家都淤血乌青了，之后的一星期都得拐着走路，而我之所以被打成这样，只是考试没考到 80 分而已！

小时候，我每次考完试都会被老师打、被父母打，我的成绩却从来没有因此而突飞猛进过，直到我的个头长到足以对抗父母，父母不得不收起棍棒、晒衣架。当他们不再打我，我的功课自然就进步了，而偷钱的坏习惯则是当我知道家里已经负债累累时也就此根绝。

从我个人的成长过程中，无论是言语打击还是肢体暴力，从来没有真正解决过问题。

问题是，很多人小时候虽然留下许多心理创伤，但当他们娶妻生子成为父母后，却会不自觉地复制过去的错误，用自己被对待的那一套来对待孩子，恶性循环，没完没了。

倘若蔡杰是个正常的孩子，我是否能保证自己绝对不会重蹈覆辙，在蔡杰功课不好或行为偏差时走父母亲的老路，用晒衣架及少林棍来"伺候"我的孩子？

虽然我觉得我应该不会，但，我真的没有百分百的把握。而老天爷赐给我的孩子，并不是一个普通的孩子。打骂教育对他来说，非但完全没有任何效果，只会使情况更恶化，他就跟复印机一样，把负面感受照单全收，不断复制，造成更严重的情绪障碍。

对这样的孩子，除了温柔与耐心，没有其他的路。

教育孩子这么多年来，我很少严厉斥责孩子，更不要说是打孩子了。无论孩子如何不可理喻，我的态度向来都是坚定而温和，不管我内心如何气恼，我都会按捺脾气，和颜悦色地教导他。

蔡杰教会了我一件事：教育必须是具备感情的，而且，这份感情不能是"刀子嘴，豆腐心"般地深藏在心里，必须要精准传达到孩子的心里，才能产生真正的效果，是他让我学会了"坚定而温柔"的功课。

我深信，奖励的力量远比惩罚大。不只对蔡杰如此，我相信对其他孩子也一样。

记得蔡杰入学第一年，班上有一个小朋友小民（化名）脾气有点儿蛮横，常常欺负蔡杰和其他小朋友，或抢其他人的玩具。为了化解这种情况，我私底下跟小民达成协议，只要他一天没有打蔡杰，我就给他一颗糖果。相安无事一段时间后，我又跟他约定，只要他一天没有跟班上任何一个人起冲突，我就给他一颗糖果。虽然小民偶尔还是会克制不住情绪，但次数相较以前已经降低很多。

有一次，我带蔡杰去做语言治疗，小民也是同一时段的治疗个案。当时，有一个高高胖胖的小朋友莫名其妙把蔡杰推倒，小民在现场看到，立刻生气地冲上前去回推了那个孩子一把。

小民的阿公不明白来龙去脉，看到发生冲突，连忙赶来要教训小民，我赶紧替他解释，说小民是为了保护蔡杰才去推别人的。

不知为何，小民似乎很喜欢跟我们亲近。我们在医院做语言治疗的期间，通常会提早一点儿到，在等待的空当中，我常会拿纸笔给蔡杰练习写字或画画，小民看到也会过来参与，有时我没拿出来，他还会主动跟我要纸笔。他阿公看到还吓一跳："在家里他从来不会这样做，问他功课写了没，他总说今天没功课。"

我从小民阿公那里了解到小民的成长环境，父母都是用打骂的方式教育他，如果小民的父母能多一点儿奖励与劝导，也

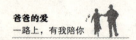

许他就有机会变得更好。

之前小民欺负蔡杰时我也很生气，但后来慢慢发现，小民每次欺负蔡杰的动机，其实是想要跟他玩，只因他精力太旺盛，加上从家庭教育学到错误的态度，所以产生不良的互动方式。

小民的头脑其实算灵光，只要好好讲，他是可以理解的，与木头般的蔡杰相比实在是很好教的孩子。他的精力过剩，只要陪他多从事些激烈的体能活动，把体力消耗掉，让他"放完电"，就能改善许多。

只是，这需要家长投入大量的耐心与时间。家家有本难念的经，我也不便对人家的教育方式置喙太多，只能祈祷小民的爸妈能早点儿想通这一点。

打或吓阻的教育方式，对于小民或许暂时能够治标，但终究治不了本，而且，孩子总会长大，有一天当父母再也无法用打来控制孩子时，该怎么办呢？

至于蔡杰，若用打骂教育，别说是治本了，连治标都没办法。

为了要训练孩子，我的立场跟态度一定要很坚定，但我的言语跟态度必须要很柔和，虽然收效还是很缓慢，但**爱**真的是有渗透力的，孩子慢慢挣脱情绪障碍的钳制，变得稳定、快乐。

当初如果我跟蔡杰硬碰硬，用打骂来压制他，我想今天的结果一定是两败俱伤。

感谢孩子教会我这件事，爱的奖励，是可以超越罪与罚的。

4. 何必学会地球人的伎俩？

蔡杰就是一个心灵如此纯净无瑕的孩子，就像一杯干净的白开水。他善良、与世无争的个性，在过去如此，在现在如此，以后也会是如此。

跟一般孩子相比，我们家蔡杰真的是**笨得可以**。

只是，我深信**滴水能穿石**，纵使孩子不聪明，只要经过锲而不舍的努力，一定可以学会。这么多年来，说话也好、写字也好、运动也好，我们都一一克服了。

不过，有件事不管怎么教，他就是做不到，那就是**反击**。

在孩子的世界里，甚至在所有生物的世界里，以大欺小是很常见的事情，不过，我们家蔡杰却老是被身高比他矮或年纪小的孩子欺负，甚至连小狗也能欺负他。

有一次，我们去公园练习独轮车，突然冒出三只野狗，两只大犬，一只幼犬。那三只狗占据的地方正好在蔡杰骑独轮车的路线上，大犬比较乖觉，只要蔡杰骑过去，它们就自动让开。

可是，那只幼犬却很好动，很想找人玩，算准了蔡杰会经过的时间挡在他前头。蔡杰只想专心骑独轮车，并不想跟小狗玩，但是他却没有去威吓、驱赶小狗，任凭小狗一次次挡路，害他不断跌倒。

我在旁看了这一幕，既心疼又无奈。如果是一般顽童，看这只小狗这么不识相，早就凶巴巴地把它踹走、赶跑了，绝不会跟蔡杰一样，被一只弱小的狗弄得进退失据。

这也反映了他实际生活中的人际互动，就算碰上年纪比他小的儿童，蔡杰也不会去欺负弱小，反而都是被这些弱小一直捉弄，毫无招架能力。

有时候看他这样老实，心里觉得很不舍，也多次教他要适度反击来保护自己，不过都没有用，蔡杰就是这样一个彻彻底底的人畜不伤的孩子。

眼看蔡杰被那只小狗纠缠了十几分钟，我看不过，拖着蔡杰教他怎么赶走小狗，可是他完全没办法回击那只小狗，就算小狗一直害他跌倒、受伤，他也不想去伤害它。

一如每一次当他被人欺负时，我告诉他要报告老师、要反击，甚至呛回去、打回去都没关系，可是，他就是没办法学会以暴制暴的伎俩。

他可以克服自闭儿说话的障碍，可以学会高难度的独轮车，但是，他始终学不会邪恶，永远无法做到损人利己这件事。

蔡杰就是一个心灵如此纯净无瑕的孩子，就像一杯干净的白开水。他善良、与世无争的个性，在过去如此，在现在如此，以后也会是如此。

有时候，我不免会想，是不是因为**地球人**太过聪明奸巧，所以把蔡杰这样**非我族类**的孩子定义为有**智能障碍的自闭症**。

跟绝大多数的地球人相比，蔡杰很笨，笨到连这些地球人理所当然都会的"技巧"——贪婪、算计、斗争、野心、轻蔑、骄傲、炫耀、讥讽、牢骚、说谎、计较、虚荣、抹黑、奸诈、批评、陷害、仇恨、嫉妒、要心机、自以为是、投机取巧、花言巧语——全都学不会。

打开电视，新闻、戏剧里每天轮播着上述这些**地球人会的事情**，可是蔡杰无论年纪如何增长，却始终学不来。看着他纯真的脸庞，我不禁有些惭愧：我真的应该处心积虑地教他那些**伎俩**吗？

或许，真的该学习的人，是我。

孩子，爸爸解读到你的意思了，你想说的是：人生何必每样事情都要分出胜负？何必蒙受委屈就一定要以牙还牙？这世上又有谁是永远的赢家？有时候退一步反而海阔天空，不是更好吗？

只要我们认真过活就好，不必事事都要论输赢。

对吧？

5. 坦然的勇气

当我愿意坦然接纳我儿子的全部后，我便得到释放。教育蔡杰的过程，对我而言也是一个淬炼心灵的过程。因为他，我才能变得既柔软又坚强……

很多身心障碍儿的家长不喜欢带孩子到公共场合，一来，孩子情绪极有可能突然失控，弄得人人侧目、场面难堪；二来，家长也不想被比较，看到正常的孩子可以做到许多事情，自己的孩子却什么都不会，心中难免黯然神伤。

但是，无论如何，家长都必须克服这些心态，学会**厚脸皮**的本事，才能帮助孩子成长。

这做起来并不简单，因为来自四面八方的异样眼光足以让你的心千疮百孔，我自己也是过来人，知道那种滋味。

光是要让自己能够接受**全职爸爸**这个身份，我内心就煎熬了好久。

老实说，我一开始实在不太喜欢"全职爸爸"这个字眼，感觉自己好像在做一件**正常男人不会做的事**。

虽说现在已经不是封建社会，但在华人社会里还是深受"男主外，女主内"的传统观念钳制，男人负责赚钱养家，女人则负责照顾孩子，好像很天经地义。

而我，却决定反其道而行，想当然耳，必然招致一些异样眼光。

有些人当着面揶揄我："你真好命，让老婆养！"而有些人虽然没有明说，但光看表情、眼神就知道他们心里恐怕大不以为然："切，一个大男人不出去工作，在家里照顾小孩，这像话吗？"

而要承受异样眼光的不只是我个人而已，我的父母、岳父母和妻子也得面对这些压力。

当有人问他们："你儿子（女婿、老公）现在在做什么？"他们总是支支吾吾、语焉不详，要如何跟外人解释自己的儿子或老公是为了有**自闭症**的孩子变成"家庭主夫"呢？而自闭儿乍看外表又与正常儿童无异，到底是为什么非得要由爸爸窝在家带小孩不可呢？

这些问题，回答起来都一言难尽。

而**异样眼光**又何止是针对"让老婆养"这件事？

孩子小时候经常在公园、医院、餐厅、超市、溜冰场、游泳池等公共场合出现混乱行为，而情绪障碍一旦出现，就是一发不可收拾，凄厉哭嚎、挣扎打滚、尖叫嘶吼……就像发疯一样。如此行径，很容易就招致旁人白眼、指指点点，甚至严厉指责。

不知情的外人，哪能理解孩子的身心问题？通常只会认为这是**家长没教好**。我可以忍受孩子的失控，但偶尔我还是会被一些不相关的人的闲言闲语所激怒，特别是在训练蔡杰游泳那段期间，因为蔡杰怕水，几乎每次去都会上演闹剧，被一些婆婆、妈妈们指责是家常便饭。

我通常都装作没听见，但实际上内心却是极为痛苦，有一段时间，我甚至压力大到夜夜失眠。

有时候，看蔡杰持续发疯几个小时却束手无策时，我也会自我怀疑——为了一个这样重度障碍的小孩，辞掉工作教育他，到底值不值得？这个孩子到底有没有救？会不会到头来这些努力都是枉然，他终究还是一辈子无法自主？最后还是必须要送到疗养院度过余生？

幸好，无论我如何失望，却不曾真正绝望过。对蔡杰的爱，彻底改变了原本自尊强、怕丢脸的我。

自己暂时的荣辱有蔡杰的未来重要吗？这个答案很清楚。

厚脸皮，其实是一种宝贵的能力。那意味着，你可以克服别人的眼光，忠实地做自己；也意味着，你能分辨什么才是最重要的事情，其他的干扰都不能阻挡你奔向目标。

当然，这很不容易。很多时候，人们难免像那个"父子骑驴"寓言中的主角一样，被旁人指指点点，就软弱地不断改变立场，弄得自己尴尬万分，这样也不是，那样也不是。但是，我们最终仍得想清楚：自己到底要什么？如果我无法克服**丢脸**的问题，我的小孩就**永无得救**的机会。如果孩子的未来看不到希望，那当家长的未来也不会有希望。

家有身心障碍儿，家长很难摆脱**自卑感**的纠缠。我曾经也有自卑的感觉，但我自问：我为什么要为了有一个自闭症的孩子而感到自卑呢？蔡杰的存在是一种**错**吗？

不，蔡杰是上天送给我的美丽礼物，他绝对不是一个错误！曾经有记者采访我时，问过我一个问题："如果可以选择，一个是有蔡杰这样的孩子，一个是没有孩子的生活，你会怎么选？"

我回答那位记者："我要蔡杰。"

以前，如果有人对我们父子讲难听话，我虽然心中淌血，但仍会装聋作哑，我想我内心深处还是有**丢脸**的感觉吧。但后来，如果对方出言实在太过不逊，我就会直接过去跟那些人说："请你谅解，他有自闭症。"

当我愿意坦然接纳我儿子的全部后，我便得到释放。

教育蔡杰的过程，对我而言也是一个淬炼心灵的过程。因为他，我才能变得既柔软又坚强，而这就是所谓的**韧性**吧。

6. 老爷爷做事总是对的

　　我感谢我的儿子蔡杰，我对他训练非常严格，就算跌跌撞撞，还是坚持要学习到底，但蔡杰对我全心信任，在他心中，爸爸做事永远是对的。

　　在教蔡杰念故事书时，我发觉，很多故事都好可爱，而且，蕴含的寓意颇值得品味。

　　有一次我们读到一个很有趣的故事《老爷爷做事总是对的》，故事是这样的：

　　有一对老夫妻，他们虽然很穷，对人却很大方。一天，老爷爷要进城，老奶奶说："你把马卖了，换点儿东西回来。"

　　老爷爷用马换了牛，又用牛换了羊，又把羊换成鹅，再把鹅换成鸡，最后，在酒店里，用鸡换了一袋烂苹果。

　　有两位英国人提醒老爷爷说："你把一匹马最终换成了一

袋烂苹果，不怕被老婆骂啊？"

老爷爷说："不怕！她准会说：'老爷爷做事总是对的！'然后吻我一下呢！"

两位英国人不相信，拿出 100 个金币和他打赌，并且和他一起回家。

老爷爷说："我用马换了一头母牛！"

老婆婆说："很好，有牛奶喝了。"

"不过，我把牛换成了羊啊！"

"这更好，喝羊奶，还可穿羊毛袜。"

"但是，我拿羊换成鹅又换成了鸡。"

"好得很！鸡生蛋，蛋再生鸡呀！"

"最后，我拿鸡换了一袋烂苹果。"

"老爷爷你做事总是对的！刚才有一家人嘲笑我连个烂苹果也没有，现在我可以借给她一袋啦！"老婆婆边说边吻了老爷爷。

那两位英国人给了老爷爷 100 个金币，并且相信：老爷爷做事总是对的！

表面上，只是一个运气好的傻老头儿的滑稽故事，但我觉得，这故事讲的其实是**信任**。

就算贫穷，就算不聪明，都没关系，只要有爱与信任，这个家就会充满幸福。

记得有一次，我和妻子带蔡杰回台北娘家，回程时因为开了四小时的车，有点儿疲惫，原本应该在水上交流道下去，却开到了新营收费站。

妻子突然意识到不对，大叫："唉，唉，唉，新营收费站耶！"

我这才惊觉自己开过头了。这时蔡杰也醒来了，他大笑地嘲笑我："爸爸开超了，爸爸错了。"

我很了解我儿子，他的意思并不是嘲笑爸爸错，而是认为他自己没有犯错，所以好开心。妻子看蔡杰这么高兴，也笑着接腔："对啊，爸爸开错了。"

虽然多绕了一点儿路才回到家，但我们一家人在车上突然变得好欢乐，光是为这个梗就笑了很久，没有人抱怨，没有人责怪。

我想起《老爷爷总是对的》的故事，这个老爷爷其实很幸福，就算那两位英国人没有给他 100 个金币，他还是幸福的，因为老婆婆好爱他、好信任他。

我选择当个全职爸爸陪伴孩子，妻子完全接受我的决定，挑起养家担子，这么多年过去了，我们没有离婚，携手熬过了辛苦的五年。据说大导演李安成名之前，曾在家沉潜了六年，由妻子养家，我没有李安导演的纵横才气，但我的妻子还是愿意无怨无悔养家五年，真的很感谢她。

我也感谢我的儿子蔡杰，我对他的训练非常严格，就算跌跌撞撞，还是坚持要学习到底，但蔡杰对我全心信任，纵使不愿意或身体困乏，还是会努力听从爸爸的指示，流泪流汗完成任务，在他心中，爸爸做事永远是对的。

我想，我也是一个很幸福的"老爷爷"呢！

7. 老板娘的信

我怕我的蔡杰将来无法在社会上生存，她也怕她的儿子未来前途茫茫，虽然我们彼此素不相识，但我们都是痴心父母，她的担忧，我也能充分理解。

某个秋日，我一如往常带着蔡杰去练习独轮车。有一个中年妇女提着一个塑料袋，远远朝我们走过来。

她靠近了，袋子里头装有一份点心，还夹着一张纸片。她问了我一句："你只有这一个孩子吗？"

"嗯，我只有这一个。"

她把点心放下，叮嘱了一句："趁热赶快吃。里面有一封信，给你。"然后，就离开了。

瞧她有点儿眼熟，没错，这个妇人我以前就见过她。

之前，我在陪蔡杰练习独轮车时，她旁观了半晌，忍不住惊叹说："你以后是要让他去参加奥运比赛喔？"

其实，我的用意很单纯，只是想激发孩子的潜能，让孩子充分去体会生命中的所有**感觉**——风的感觉、身体的感觉、思考的感觉、活着的感觉！

但是在外人的眼里，可能以为我在训练孩子做特技表演，想参加什么比赛。不只这位妇人，很多旁观的路人也都会有类似的感想。但这故事说来话长，面对这些好奇观众的提问，我只能笑而不答。

没想到，这位"观众"竟然特地送来点心，还费心地写了信。

那张纸片的第一句是这么写的："从春天到夏季到秋天……"我心中一凛，原来，她已经观察我们父子很久了。那封信继续说着："感念你们父子俩能够长期持续不辍'练功'，有锲而不舍的精神，相信将来无论做什么事，都比别人容易成功。"

这封信写得很诚恳很认真，她用了三支不同颜色的笔，像国语老师一样，在"无论做什么事，都比别人容易成功"这个句子旁边用圈圈画上重点。

这是一封鼓励的信。我不禁眼眶一热，我们的故事她都见证了，而且，她能够体会。

妇人在信末又特别附注了几句感慨："也感伤自己念 X 大美术系的孩子，升大三了，却混吃混漫画，不思用功，除去作业外，从不提笔彩绘，当娘的比他还着急，却不知如何去督促，唉！"

真是天下父母心，永远都为孩子心心念念！

我怕我的蔡杰将来无法在社会上生存，她也怕她的儿子未来前途茫茫，虽然我们彼此素不相识，但我们都是痴心父母，她的担忧，我能充分理解。

我后来才知道，原来她是一间餐厅的老板娘，她的店址就位于我常和蔡杰练习独轮车的场地对面，老板娘偶尔会到附近遛狗，常看见我们父子俩在那儿"练功"。

我想，她应该不知道我的孩子是有问题的孩子，她可能也没看过我记录蔡杰点点滴滴的博客。

我的孩子恐怕没办法做什么事"都比别人容易成功"，但，她的鼓励与心意，我收到了，感恩在心头！

就像她说的"我们有锲而不舍的精神"，所以，蔡杰一定会一直进步的！

在秋风骤起、凉意习习的那个午后，这份热腾腾的点心，温暖了我和孩子的心，我想对她说一句："谢谢您！"

后 记

当你真心渴望一件事

　　四年前，当全职爸爸进入第三年，我开始慢慢感受到孩子的进步，正处于教育热情高峰期的我，为孩子记录的文字已经超过 10 万字，自己影印集结成《蔡杰的故事》，很希望找到出版社出书。

　　想要出书的理由，并不是想出名，更不是想谋利。我只是想帮自闭儿以及自闭儿的父母发声，如此而已。

　　因为，我的爱子蔡杰有自闭症，他的成长过程注定比别人更辛苦，而我和妻子又何尝轻松？在教育他的过程中也饱受委屈，经常被周遭的人认定是不懂管教的失败家长。面对异样眼光，我百口莫辩。

　　就因为亲身尝过诸般滋味，我充分了解特殊儿童家长的辛苦，多么希望全世界的人都能了解特殊儿童，甚至，我恨不得自己有能力可以影响政策，把这个议题编入学校的教科书里，让患有自闭症的孩子和家长能获得多一点儿的理解与帮助。

我常常自问：一个像我这样的平凡父亲，要怎么做才能实现这个愿望？

那年，我厚着脸皮主动将《蔡杰的故事》文稿寄给了一家出版社，一个星期后接到总编辑的电话，他说他看了很感动，但必须等开会讨论后再做决定。我满怀希望，高兴地打电话告诉妻子："如果以后我的书能出版，我们家蔡杰就不会被误解了！"

没想到，过了一星期，我再次接到的通知却是不能帮我出版的回音。失望在所难免，但我能理解，自闭症毕竟不是什么当红议题，加上自己的文笔也不是很好，也难怪出版社踌躇。没关系，失败对我来说早已是家常便饭，我重新检视自己的文章，又将全部文章修修补补了数十次，再找另一家出版社投递稿件，但这一次依然踢到铁板，这家出版社也把我的文稿原封不动地直接退回。

虽然我不是一个容易放弃的人，但心中也忍不住沮丧。

　　蔡杰的社工与治疗师知道这情况后，他们建议我，若不能将这些记录印刷成书，不如通过网络将文章分享出去，说不定仍能产生若干影响。

　　于是，我建立了"蔡杰的博客"。

　　博客成立初期，我还不太懂得如何使用，版面很鲜艳，内容也不丰富，点阅率每天都是个位数，感觉好像只有走错的路人才会点进来看，毫无人气。

　　作为一个特殊儿童家长，我心里好急。虽然，我明白自己的力量很微薄，但我真的好希望能够在蔡杰长大以前让更多人了解自闭症，这样，特殊儿童以后的路可能就会走得顺一点儿。

　　就为了这一点儿做父亲的傻气痴心，我不间断地做我一点儿也不擅长的事——写博客。我不只是写文章，为了拓展人气，我认真研究博客的操作方式，还从零开始自学影片编辑，让博客内容更丰富，好吸引网友注意，希望借由这些影像纪录，扭转社会大众对于自闭症的刻板印象。

　　在这过程中，我意外地发现蔡杰非常喜欢看到自己的影像在电脑里出现，每次他看见自己的出现，就好像发现新大陆似的兴奋不已，甚至还会主动问我问题。这真是意外的收获，让我又找到了一个可以刺激孩子说话的动机，为此，我更努力拍摄影像，经营博客。

教育蔡杰也好，想要为自闭儿发声也好，没有一件事是容易的。我常觉得自己做的事情真的好像是愚公移山。

我这个"愚公"，到底要花多少时间，才能够把矗立在眼前的山岭挪移呢？

我真的不知道。我只知道，去做就对了。

慢慢地，我挪开了一座又一座大大小小的"山"。

游泳，三年，学会抬头蛙；五年，学会憋气、自由式、仰式。

脚踏车，六年，可以一次骑 20 公里。

直排轮，六年，学会 S 型、交叉、倒溜。

独轮车，三年，可以在一块砖的宽度（10 厘米）直线骑进 10 米。

在这漫长的过程中，我当然也曾沮丧、低潮、受挫、茫然，但当我重新检视过去拍摄的影片与文字纪录时，就能发现，孩子一直是在进步的，虽然进步幅度是如此缓慢，但是，他真的一直、一直、一直在不断地进步着。

于是，我就能勇敢说服自己，只要我不放弃，就会有希望。

或许是因为天道酬勤吧？我的博客在好几个重要的博客比赛中都得到不错的成绩，点阅率也不断攀升，我开始幻想，如果以后有机会，能以自闭症为主题拍一部像《海角七号》一样有影响力的电影，那就更好了……

说也奇妙，就好像《牧羊少年奇幻之旅》书中所说的：当你真心渴望一件事时，全宇宙都会联合起来帮助你。

因为一个偶然的机会，知道台湾第一部自闭症纪录片《遥远星球的孩子》要开拍，正在寻找拍摄的对象，怎么这么巧？这正是我很想做的事情！于是我主动联系剧组，参与拍摄。虽然这部纪录片并没有显赫票房，但它获得了金钟奖等三项大奖肯定，甚至开始成为台湾各学校的特殊教育的教材。我心中的感动与感恩，笔墨难以形容。

　　而时报文化出版有限公司也在此时向我提出出版邀约，让我受宠若惊。

　　虽然，距离当初起心动念要出书已经悠悠经过四年，但这个愿望总算是实现了。

　　原本，这本书早在去年底就应该出版了，只是 30 万字的初稿实在太过庞杂，有些纪录又太过直白口语，必须经过精简润改后才能出版；但对我而言写文章本来就不是件轻松的事情，加上我卸下全职父亲的身份重回职场后，每天下班已经非常疲惫，实在没有多余的心力再继续改写文章。

　　就这样，一直拖到今年，我的书还在难产中，我不好意思再继续拖稿，正要写信向主编提出解约时，突然想到一个曾经访问过我的特约记者翠卿，我对她的文笔印象很深刻，她能精准抓住我想要表达的意思，于是我向主编提出建议，希望由翠卿协助重整这些稿件。

　　非常感谢时报文化出版有限公司以及翠卿的帮忙，让这本书能够顺利问世。此外，也很感谢那些愿意在百忙中拨冗为这本书提笔写推荐序的社会贤达，我与蔡杰，深深谢谢大家。

　　《爸爸的爱：一路上，有我陪你》是一个父亲为他的自闭症爱子写了九年的纪录。这中间，经历过许多风风雨雨，但，我们一直坚持着不放弃，直到雨过天晴的那一刻。

　　多么希望借由我们父子这段虽然平凡但很认真、很努力的故事让更多人知道，只要心中有爱，就能穿越障碍。

　　诚恳将这本书献给全天下的父母与您的宝贝。

2012 年 6 月

苦难就像是化了妆的祝福

没想到我的书可以在大陆上市。

在台湾，我的网络文章统计下来已经超过 30 万字。

可能很多人以为我是一个原本就很喜爱文字的人，所以才能写下这么多文章。但其实，从小念书时国语就是我最头痛的科目，每次考国语，我的成绩都惨不忍睹。

我的国语科目糟到连小学二年级班主任都看不下去，他在我的家庭联络簿上写道：蔡昭伟，你是不是中国人？为什么国语考这么差？

因为老师的评语，让我挨了父母一顿藤条。

这种事还不只发生一次。

小学四年级时换了班主任，但新老师竟然也跟前一个老师"英雄所见略同"，再度在联络簿上写了同样的评语：蔡昭伟，你是不是中国人？为什么国语考这么差？

当然，我又因此挨了一次藤条。

其实，老师教的国字我都认识，作业也很认真地写，可是只要碰到考试我就是写不出来啊！

因为这些不愉快的经验，我对国语这一科简直是深恶痛绝！而需要连缀成篇的作文就更不用讲了，那是我的罩门！

这样的我，竟然可以写下 30 万字的文章？原因无他，就为了我的儿子——蔡杰。

在得知蔡杰是自闭症后，我搜集了许多资料，这些资料堆积起来几乎跟蔡杰八岁时的身高一样高。我佐证资料，并且亲身体验、学习，更将过程拍成视频作为佐证。我把这些都巨细无遗地记录下来，文章累积到一定量后，我便自己拿去影印装订，集结成册。

教育自闭儿是一件很艰辛的事情，我自己是过来人，深知个中辛苦，看到医院里一些身心障碍儿的妈妈就主动发给她们，后来连学校老师也会主动向我索取。

我也曾分享给社工、治疗师、特教老师、医院里的其他迟缓儿家长、不同团体身障儿家长、普通班的老师……蔡杰的故事就这样传出去了。

渐渐的，我开始有机会受邀于特殊教育研习学校担任讲师。

坦白说，一开始，我是害怕的。

从小口吃的我，讲话总是结结巴巴，连正常的对话都有一定的难度，何况是要面对群众演讲？我的身份不过是一个父亲，也不是什么高学历，凭什么去学校对老师们讲课？

为了孩子，我必须学会克服恐惧，就算讲话结巴会被人取笑，我还是要勇敢站出来，虽然我没办法用很流利的口语来演说，但我可以将多年来的具体实践经验真实呈现出来。

一个结巴的父亲就这样从校园演说开始，一步一脚印地走进各所国中、国小，在学校老师们的口耳相传之下，我逐渐进入高中及大学，这几年下来，我很高兴自闭症及特殊教育的议题开始逐渐得到台湾各级学校的重视。

孩子严重的先天障碍非但没有把我打倒，反而刺激了我，让我摆脱了对国语的魔咒。《爸爸的爱：一路上，有我陪你》这本书出版后，我更是战胜了自己长久以来的语言障碍，到各地去演讲。

原来苦难就像是化了妆的祝福，也希望大陆的朋友会喜欢《爸爸的爱：一路上，有我陪你》，喜欢我们父子的故事。

2014 年 4 月